ヨーガの哲学

立川武蔵

講談社学術文庫

はじめに

アメリカ留学中の終りの頃、一九七〇年のことだったと覚えているが、ハーバード大学の近くの下宿で、徹夜して『ヨガ行者の一生』(*Autobiography of a Yogi*)を読んだ。

インド哲学専攻の学生であったから、ヨーガに関してはそれまでにも少しばかり読んではいた。しかし、そのときまでは、ヨーガとははるか遠い天竺《てんじく》の国に住む、きわめて特殊な人々の所業だと思い込んでいた。少女のお下げのように髪を編み、ほとんど骨ばかりの姿で坐っているヨーガ行者は、わたしの世界の外のものでもあった。まして、脚を首のうしろにまわし、手がいったいどこにあるかわからぬようなアクロバティックなヨーガの行法は奇怪ですらあった。

だが、この本は一人のヨーガ行者の、じつにひたむきで透明な生き様をわたしに知らせてくれた。そのヨーガ行者とは、ヒンドゥー教の近代化に功績があったヴィヴェーカーナンダの弟子であり、晩年はアメリカで活躍したヨーガーナンダである。この書によってわたしは、ヨーガというものがけっして「天竺」の地のものではなく、その意志さえあれば、どこでもいつでも実践可能なものであることを悟《さと》った。現実の世界にありながら、彼はこの「俗なる」世界とはまったく異なる光のなかにいた。彼の生涯の後半はその証《あか》しである、と読んでいて素直に納得できた。

わたしは興奮した。彼のような努力をわたしもしてみようと思い立った。それにはまず彼のように菜食主義者になることだ。下宿の冷蔵庫に置いてあったトリ肉を、ちょうど訪れた友人にひきとってもらった。数日間、菜食主義者でいることができた後、用ができてニューヨークへ出かけた。二、三日は、トマトや卵のサンドウィッチを食べていたが、それ以後はどうしようもなくなった。

こんなわけでわたしは「誓願」をはやばやと破り、その後、ヨーガの実践熱は急速にさめていった。いま考えると、なぜ菜食にあれほどこだわったのかと、自分でもおかしくなるが、ともかく、これがわたしのヨーガとの出会いであった。

アメリカの留学から帰ってほどなく、M・エリアーデ著『ヨーガ』（せりか書房）を翻訳する機会に恵まれた。この書はエリアーデの博士論文を修正、加筆したものであるが、たんにヨーガについて述べているのではなく、ヨーガという観点からインド宗教思想史を書こうとしている。

エリアーデにとって宗教とは「俗なるものの止滅《しめつ》における聖なるものの顕現」である。『ヨーガ』においてもこの観点が貫かれており、「俗なるもの」である人間の行為が止滅したとき「聖なるもの」である宇宙の光がヨーガ行者という場に顕現する、と彼はいう。ヨーガとは「俗なるもの」を止滅するための方法であるというのがエリアーデの『ヨーガ』におけるテーゼである。

わたしはエリアーデの『ヨーガ』から「聖なるもの」と「俗なるもの」という二極によって宗教現象を理解することを学んだ。もっとも、「聖なるもの」と「俗なるもの」という二つの概念は、エリアーデよりさらに広い意味において理解されるべきだと、いまでは思っているが、ともかく「聖なるもの」と「俗なるもの」という「宗教における二つの極」の観点をあたえてくれたのはエリアーデの『ヨーガ』であった。本書においてもこの「宗教における二つの極」という観点は、基本的な軸としてもちいたいと思う。

『ヨーガ』の翻訳の終った一九七五年の夏以降の十二年間に十回、インド、ネパールに旅する機会に恵まれた。ボストンの下宿で読んだヨーガ行者が育った土地で、わたしはヨーガ行者やヒンドゥー教徒の実際の宗教行為を目のあたりにすることができた。師についてヨーガを学習する機会は残念ながら持たなかったが、ヨーガという一種の宗教実践が、インドの数千年の伝統を踏まえながら、じつにさまざまな形態をとって生きているのを見ることができた。ヨーガという宗教実践は、他の種類の宗教実践と、あるときには溶けあい、あるときには反発しあって今日まで存在してきた。エリアーデの『ヨーガ』もたしかにヨーガのさまざまの形態をあつかってはいるが、実際に目のあたりにしてみると、ヨーガの伝統は自分の思っていたものよりはるかに複雑であった。

いかなる宗教現象もそれがなりたっている場を無視しては理解できない。

この十二年間における幾度かのインド滞在は、古代からつづいてきたヒンドゥー教の具体的な姿のなかでヨーガを理解するために役立ったし、またいっぽう、カトマンドゥ盆地の調査のおかげで、ネパールに住むチベット仏教徒に伝えられたヨーガの伝統の一端にも触れることができた。

本書においてはインドやネパールで観察することのできたヒンドゥー教やチベット仏教のさまざまな儀礼や実践の形態と比較しながら、そのなかの一つであるヨーガの特質を考えたいと思う。

ところで、エリアーデの言うように、「俗なるもの」としての人間の行為を止滅させるならば、「聖なるもの」としての宇宙の光あるいは宇宙の根源が、ほんとうにヨーガをするものにかがやくのであろうか。無意識の深奥に入っていき無意識の世界をも止滅させ終ったとき、本当に何ものかがヨーガ行者を——あるいは、われわれを——待っているのであろうか。このような疑問はこの十数年来、わたしから消えたことがない。

エリアーデによれば、ヨーガとは「聖なるもの」の顕現を準備する道である。だが、「聖なるもの」とは現代において可能なのだろうか。もし可能であるとするならば、それはどのようにして可能なのであろうか。ヨーガの方法が普遍的なものならば、ヨーガをこころざすすべてのものにとって、その「聖なるものの顕現」は可能でなければならない。われわれのすべてが、古代インドのヨーガ行者のように生活することはできない。が、さまざまな時代をへて、さまざまな国にさまざまなヨーガが生まれ、生きつづけている歴史が、ヨーガの「普遍性」をとりあえず保証してくれているように思われる。

どのような「聖なるものの顕現」がこれまであったのだろうか。とりわけ、わたしにとっての「俗なるものの止滅」や「聖なるものの顕現」とは、どのようなものであろうか。ヨーガについて書く機会をあたえられたいま、ヨーガが課題としてきたものを、できるかぎり自分の問題としてうけとめつつ、この壮大な伝統にかかわろうと思う。

さて、本書ではまずインドのボンベイ（ムンバイ）市の近くに生まれたヨーガ行者ジュニャーネーシュヴァラ（十三世紀末）のみじかい生涯を見つめ、ヨーガを考える手がかりとしたい（第一章）。つぎに、ヨーガという宗教実践を三つの観点（目的、現状認識、手段）から考察し、ヨーガの構造を概観してみよう（第二章）。第三章では、古典ヨーガの根本経典である『ヨーガ・スートラ』の思想を考察し、第四章では、後世においてさかんにおこなわれ、今日も人気のある「ハタ・ヨーガ」とよばれる精神生理学的な行法のありかたを見ることにする。第五章では、古典ヨーガとハタ・ヨーガをもふくめて、インドにおける「ヨーガの展開」を概観したい。仏教におけるヨーガ——マンダラ観想《かんそう》法や禅など——はこの章においてあつかうことにしよう。最終の第六章では、ヨーガの歴史をふまえて、「ヨーガの求めるもの」を考えてみたい。

目次

ヨーガの哲学

ヨーガの哲学

第一章　ある聖者の入定

1　アーランディーの寺

古典ヨーガからハタ・ヨーガへ

ヨーガとは、インドで生まれた「精神集中による瞑想《めいそう》の方法」である。「ヨーガ」――「ヨガ」ではなく「ヨーガ」が正しい――という語は、サンスクリット（梵語《ぼんご》）の動詞 yuj《ユジュ》（軛《くびき》をかける、結びつける）から派生した名詞であり、「統御《とうぎょ》」、「結合」などを意味する。心の作用を統御して、その結果、宇宙原理や悟《さと》りの智慧を体得しようとするのである。

ヨーガの起源はよくわからないが、紀元前八〇〇～前七〇〇年ごろのインドでは、心の作用を統御することによって特殊な心的状態にいたることは知られていた。仏教の成立と前後するいくつかのウパニシャッドのなかには、すでにヨーガの行法《ぎょうほう》が登場している。ヨーガの行法がバラモン正統派のなかで体系化された最初のものは『ヨーガ・スートラ』（二〜四世紀）であり、これは古典ヨーガ学派の根本経典となった。

ここに述べられるヨーガは、心の作用をどこまでも統御し、最終的には止滅《しめつ》にいたらせるタイプのものである。このタイプのヨーガがもっともオーソドックスなヨーガであり、この伝統は今日にも伝えられている。

のちに十世紀以降、「ハタ・ヨーガ」とよばれる、古典ヨーガとは異なったタイプのヨーガが流行する。今日いわゆる「ヨーガ」とよんでいるものは古典ヨーガよりもむしろハタ・ヨーガを指している。これは心の作用を止滅させるというよりはむしろ心の作用の活性化をめざしており、精神生理学的な行法である。ハタ・ヨーガの解説書としては『ハタ・ヨーガ・プラディーピカー』（十六、七世紀）が有名である。

古典ヨーガは霊我《プルシャ》と原質《プラクリティ》との二原理を立てるサーンキャ哲学にもとづいており、ハタ・ヨーガは一元論を主張するヴェーダーンタ哲学にもとづいている。

ヨーガ自体は整合的な理論体系をもつことがなく、インドおよびその影響をうけた諸国では、さまざまな学派あるいは宗派によって宗教実践の方法として取り入れられた。

紀元後一、二世紀からさかんになった人格神ヴィシュヌ崇拝とヨーガとが結びつき、ヴィシュヌへの献身（バクティ）のためにヨーガが取り入れられることにもなった。この種のヨーガは「バクティ・ヨーガ」とよばれる。

ヨーガ行者——仏陀

仏教においてもヨーガはもっとも基本的な宗教実践の方法であった。「古典ヨーガからハタ・ヨーガへ」という、バラモン正統派におけるヨーガの歴史的展開とほぼ同じような展開が、仏教のなかでも見られる。初期仏教や初期の大乗仏教（二、三世紀）では心の作用の止滅を中心としたヨーガがおこなわれるが、七、八世紀以降、仏教タントリズム（密教）がさかんになると、精神生理学的なヨーガの修練が重視された。

これは後世、ハタ・ヨーガとして成立するヨーガとほぼ同種のものであった。仏教タントリズムにおいて重要なマンダラは、大宇宙と小宇宙との合一を体得するヨーガの道具であった。大宇宙と小宇宙の合一とはまた、ヴェーダーンタ哲学およびそれにもとづくハタ・ヨーガの求めたものでもあった。

仏陀《ぶっだ》が悟りをえたのも一種のヨーガによってである。彼はインドでもっとも古いヨーガ行者の一人なのだ。仏教にとり入れられたヨーガは、中国や日本にももたらされた。禅も一種のヨーガである。インド大陸でもヨーガの伝統は絶えることなくつづき、いまにいたっている。今日流行している「ヨガ」も、禅とは別のルートで新しくインドから入ってきたヨーガである。欧米でもヨーガは宗教実践あるいは身体の訓練法として、確固たる地位を獲得しはじめた。

ヨーガを生んだインドでは、今日でも多くのヨーガ行者たちがいる。家族を捨て、家を捨て、語りかけても返事もしない行者たちがいる。彼らはヨーガの三千年の伝統を体現しながら、世俗的ないとなみを否定し、その彼方に何ものかを求める人々である。実際にかの地でヨーガをする人々を見ていると、過去のさまざまな時代の行者たちの姿が、彼らのなかにいきいきと生きつづけているのを感じることができる。

わたしをとらえた行者

一九七五年の初めてのインド旅行以来、一人のヨーガ行者がわたしの心をとらえつづけている。彼の名は、ジュニャーネーシュヴァラ（写真1）。二十一歳の若さで「入定《にゅうじょう》した」、つまり、閉ざされた石室のなかで、自ら食を断って永遠のヨーガに入った。十三世紀末のことである。

彼が入定したところはボンベイ（ムンバイ）から一二〇キロメートルほど東にある

アーランディーという小さな町だ。わたしのインドでの主な滞在地プーナ（プネー）市に近い。

　ここですこし遠まわりになるがアーランディーを訪れたわたしの体験を語りながら、伝承やわずかに残された彼の著書から知り得る彼の生涯を通して、ヨーガの世界へとおさそいすることにしよう。

写真１　ジュニャーネーシュヴァラ

　ボンベイから東へ車で三時間ほど行くと、それまで平坦な道を走っていた車が突然、急な斜面を登りはじめる。デカン高原の西端だ。八〇〇メートルほどの高さを一気に登りつめるとまた平坦な道がつづく。だが、まわりの景色はボンベイ郊外の海岸に近い湿地帯とは異なり、急勾配の斜面をもつ山、田のなかに浮き出たように居すわる大きな岩、数々の石窟をかかえた岩山、といったようにまさに岩の世界だ。デカン高原そのものが、途方もなく巨大な岩盤なのである。

車はやがてプーナ市に入る。この都市は大学や研究所が多く、バラモン文化の伝統の残っていることでもよく知られている。

プーナ市から北へ草や灌木《かんぼく》の高原を一時間ほど走ると、人口数千のアーランディーの町に着く。ジュニャーネーシュヴァラの寺——アーランディーの寺——は、インドラーニー（インドラーヤニー）川の岸に沿って建てられた城壁のある堅固な建物だ。

いまなお瞑想をつづける

アーランディーの寺の本堂にはジュニャーネーシュヴァラの入定を象徴する石がおかれている。厚さ数センチの石板を数枚重ね、上にいくほど小さくなっていて、「サマーディ」（三昧《さんまい》）とよばれている。

その石の下に——実際の入定地点はすこしばかりずれているが——かの青年が「いまもなお瞑想（三昧）をつづけている」のだ。素足の裏には無気味な冷たさが伝わってくる。

この「マハーラーシュトラ地方の聖者」は、一二九六年、まだ若い自らの肉体を葬り、ヨーガの行法をおこないつつ入滅《にゅうめつ》したという。彼をこの行為へとうながしたものは何であったろうか。伝記からはまず当時圧倒的な支配力を発揮していたバラモン僧階級を中心とする社会的背景が浮かびあがる。

2　ジュニャーネーシュヴァラの生涯

二重の罪

アーランディー出身のバラモンであったジュニャーネーシュヴァラの父ヴィッタルは、家の事情でバラモンの娘ルクミニーと結婚させられる。しかし、ベナーレス（ワーラーナシー）に行って修行僧になりたい、という結婚以前からの夢を捨て切ることができず、ある日、若い妻を置いたまま家を出てしまった。ベナーレスでは「独身である」と師にいつわって修行をするが、二年ほどでその虚偽が師にわかってしまう。故郷アーランディーに帰ってきたヴィッタルはルクミニーとの間に三男一女をもうけた。しかし、ヴィッタルの家族に対してバラモン社会はきびしい態度でのぞんだ。つまり、家長の義務を捨てたこと、および出家が「不義の子」をもうけたことによっ

写真２　ジュニャーネーシュヴァラの入定を記念する石段とヴィッタル神（左）および妻ルクミニー（右）

て、彼は二重の罪を犯したとみなされたのであった。それでも、家庭のなかではヴィッタルは子供たちにサンスクリット、ヴェーダなどのバラモンの学問やヨーガの行法などを教えていた。

ヴィッタルは熱心なヴィシュヌ教徒だった。彼の名前がそもそもヴィシュヌ神の土着的な権化《ごんげ》ヴィッタル（あるいは、ヴィトーバー）に由来している。「ルクミニー」

もヴィッタル神の妃の名前であった（写真2）。ジュニャーネーシュヴァラ自身も激烈なヴィシュヌ教徒であった。

ヴィッタルの息子たちが聖紐《せいちゅう》（ヤジュナ・ウパヴィータ）を受ける年になった。「聖紐」とは木綿の糸をよった細いひもの輪で、左肩から右腹にかけるものであるが、これをうけとることによって少年たちはバラモン社会の一員となるのである。日本の元服の儀式に似ている。

聖紐を受けさせたいと申し出たヴィッタルに、バラモンたちは伝えた。

「お前たちを清めるいかなる手段もないのだ」

このことを知ると、ヴィッタルとその妻は、寝ているジュニャーネーシュヴァラのまくらもとに聖典『バガヴァッド・ギーター（神の歌）』を置いて家を出て、ガンジス河とヤムナー河の合流点まで行き、そこに身を投じてしまった。

ジュニャーネーシュヴァラの逆襲

両親をうしなった子供たちは、村のはずれで物乞いとして生活しなければならなかった。ひもじがる妹ムクターバイ（解放されたもの）のために、次男のジュニャーネーシュヴァラは背中を熱くしてケーキを焼いたと伝えられる。この伝承は彼が精神生理学的なヨーガ（ハタ・ヨーガ）を修練していたことをしめしている。ヨーガ行者はさまざまな超自然的能力を身につける。とくに体内に異常なまでの高熱を発することができる。

村八分になりながらも子供たちは、いつかバラモンたちの怒りもしずまり、バラモン社会に復帰できることを期待していたようだ。しかしバラモンたちの長老会議の決定は、子供たちにとってふたたび非情なものだった。彼らは聖紐をうけることはできなかった。

会議の決定を聞き、絶望して帰る子供たちを村人たちがからかったその瞬間から、ジュニャーネーシュヴァラは反撃に出る。牛の口からヴェーダ聖典を唱えさせたり、レンガ塀《べい》を動かしたり、死者を蘇生させたりして、彼は村人たちを畏怖《いふ》させ、しだいに「聖者」あつかいされるようになった。

やがてジュニャーネーシュヴァラは『バガヴァッド・ギーター』の註である『ジュニャーネーシュヴァリー』を書いた。この古代マラティ語の作品は、ジュニャーネーシュヴァラの真作ではないという説もあるが、マラティ語文学の最高傑作として今日でも親しまれている。

二十一歳の「入定」

二十一歳のとき、ジュニャーネーシュヴァラはニヴリッティ、すなわち「寂滅《じゃくめつ》」という名の兄に導かれて入定のための地下室に降りていった。その日から彼はすべての食を絶って入定したのであるが、多くのインド人が、今日もなお、かの青年僧はアーランディーの地下室においてヨーガの行法により瞑想状態に入っていると信じている。彼らにとって、かの聖者の行為は「自殺」と表現されてはならないものなのである。

二十一歳といえば、人間の欲動がもっともさかんに燃えあがるときだ。そのさなかでのジュニャーネーシュヴァラの入定は、「即身仏」になるためではなかった。そもそも高湿で雨期には水びたしとなるような土地で、中国や日本におけるような、おのが身をミイラにつくるといった即身仏は不可能なのだ。

もともと彼はけっして自殺しようとしたのではなく、あくまであるかたちで――きわめて特殊なありかたにおいてではあるが――生きようとしたのである。

それにしても「入定」という行為の直接的結果は、あまりに苛酷であり、極端だ。苦しみをともにしてきた兄弟や妹とも別れねばならない。自分に残されている生命体としてのすべての時間を、自分の手で切り捨てねばならない。身体を動かさず、ことばを話すことなく、ヨーガの坐法《ざほう》にしたがって坐り、青年僧はいったい何を考えたのか。

「ヨーガとは心の作用の統御である」と古代の文献はヨーガを定義づけている。ジュニャーネーシュヴァラは呼吸をととのえ、精神を集中させたであろう。そして、心の作用を統御することにより、心をもはたらかせず坐していたであろう。そのようにして、彼が求めようとしたものは何であったのか。「餓死」にともなう身体的、生理的苦痛を快感として追求したのだとは思えない。まだ若く健康なおのが肉体を自分の手で葬るということは、それ自体充分に英雄的であり、刺激的ではある。

しかし、もしそれを彼がしたとすれば、彼は病的なマゾヒストであったにすぎない。ヴィシュヌ教徒であったジュニャーネーシュヴァラがその種の苦行者ではないことは、あきらかである。

死を超越する力

両親を死においやり、自分たち兄弟を蔑《さげす》みつづけた人々が、いまや自分を「聖者」として崇《あが》めている。これらの人々を、さらには彼らの子孫までをも完璧に霊威によって畏怖させるためには、「入定」がもっとも効果的な方法だと彼が判断したのかもしれない。彼がそのように考えなくとも、彼の周囲にはそのように考え、彼が入定せざるをえないようにことを運んだ村人たちがいたかもしれない。

自らすすんで「死」へとむかったのは、次男のジュニャーネーシュヴァラのみではなく、長兄のニヴリッティ、三男のソーパーナ――（天にいたる）階段を意味する――も近くにおいて入定した。そして、妹のムクターバイもまた「木の上で変死を遂げた」と伝えられる。子供たち四人がすべて入定あるいは変死なのである。

彼らの両親を死に追いやったのと似たような力が、動機はいわば正反対とはいえ、同じように兄弟たちを死に追いやったと考えられなくもない。

それにしても、それぞれの苛酷な死によって、かの青年たちは村人たちの手の届かないところに飛翔《ひしょう》してしまった。たとえ村人たちによってそのような行為に駆りたてられたとしても、彼らがそれを遂行しえたのは、彼らがヨーガ行者であったからだ。ヨーガの修練によってえた力は、バラモンたちの祭式をもってしてもおさえることはできないほど強力なものであった。

バラモン社会の一員となることを拒絶されたジュニャーネーシュヴァラがヨーガ行者であったことは、ヨーガの本質を物語っている。

バラモンを中心とした文化とヨーガの伝統とは元来、異質のものであった。バラモン教にとっては、ヴェーダにもとづく儀礼がもっとも重要だったが、ヨーガはヴェーダ祭式をまったく必要とはしなかった。後世、ヨーガがヒンドゥー教に取り入れられてその重要な部分となったのちも、ヴェーダにもとづく儀礼とは別の存在でありつづけた。十三世紀のヨーガ行者ジュニャーネーシュヴァラは、バラモン正統派とは距離をおいたまま「聖者」となったのである。

3 ヴィッタル神への崇拝

ヴィッタル神と妃ルクミニー

われわれに残されたジュニャーネーシュヴァラの著作から判断するかぎり、彼が村のバラモンたちに怨念をいだいていたとは信じがたい。したがって、彼が村人たちへの「反撃の完成」として入定したと解するのは、まちがっているだろう。常人には許されない精神のたかぶりのなかに彼は住みつづけ、その高揚と緊張をうしなわない方法として、入定という方法を選んだのだと、彼の著作からは読みとれる。

ジュニャーネーシュヴァラの入定の謎を解く鍵は、彼のヴィッタル神、つまりヴィシュヌ神への崇拝にあるようだ。ジュニャーネーシュヴァラの生きた時代にはアーランディーから東南二〇〇キロメートルほどにあるパンダルプールのヴィトーバー寺院を中心とするヴィッタル（ヴィトーバー）崇拝がさかんであった。今日でもヴィッタル崇拝は、マハーラーシュトラ州のほとんどの地域で見られる。ジュニャーネーシュヴァラのヴィッタル神とその妃ルクミニーへの崇拝は、そのまま名称を同じくする彼の両親への思慕でもあったろう。

三昧に入ったとき、彼の心は神ヴィッタル、すなわちヴィシュヌに集中していたのではなかろうか。古典的なヨーガによれば、心の作用をどこまでも否定していかねばならない。ヨーガの究極的な段階において、心のなかになんらかのイメージが残ることは許されない。イメージが存在することは、心が作用していることを意味するからだ。だが、後世は精神を集中させてなんらかの、たとえば神のイメージをありありと生む型のヨーガが実践されるようになった。

熱烈なヴィシュヌ教徒ジュニャーネーシュヴァラの心のなかには、神ヴィッタルと妃ルクミニーのならんで立つ姿が浮かんでいたのではないか。彼は精神を集中させ、眼前に神々の姿を産み出そうとしていたと考えるべきではないか。目のあたりにあらわれたものはたんなるイメージではなく、彼にとっては神とその妃そのものであったとわたしには思われる。

ヴィシュヌ教では神に対する献身（バクティ）を説く。バクティとは人格をもつ神ヴィシュヌへの帰依《きえ》である。眼前に立つ神への祈りは、やがて全存在を神へとゆだねる行為へと昇華される。ジュニャーネーシュヴァラは眼前に立つヴィシュヌ神へと語りかけ、そして、神のなかへと自分を投げ入れたのであろう。

このような神とのかかわりもヨーガの一種であると考えられ、神へと身と心を献じ捧げるべく精神集中をおこなうという意味で、「バクティ・ヨーガ（献身のヨーガ）」とよばれる。

タントリックな行法

眼前に神の姿を思い浮かべるという実践法は、バクティ・ヨーガにかぎったことではない。成就法《じょうじゅ》（サーダナ）とよばれる密教的（タントリック）な行法は、眼前にヨーガの力によって神々のイメージを——そしてそのイメージは神そのものとなるのであるが——成就、つまり産出する方法である。

ジュニャーネーシュヴァラがこの行法に通じていたか否かはあきらかではないが、彼の時代にはよく知られていたものであった。眼前に立つ神に精神を集中させる——あるいは、精神集中によって神が眼前に立つようにする——という点では、かのバクティ・ヨーガと成就法というヨーガとは共通した点を有している。

ジュニャーネーシュヴァラのヨーガは、古典的なヨーガを根底におきながらも、それとは異なる伝統を引き継いでいる。これはジュニャーネーシュヴァラにかぎったことではなく、インドのヨーガの運命であった。つまり、ヨーガはインドの宗教史のなかでいつも変わらない「哲学」と「行法」を提供しえたわけではなく、学派や時代とともにおのれを変えていったのである。

ジュニャーネーシュヴァラの入定は、彼の時代に存在したヨーガの、きわめて印象的なひとつの例証としてわたしの心をとらえるが、それ以上に彼をゆりうごかした「神」の存在や、その神への彼の献愛の激しさが、わたしをとらえてはなさない。

「俗なるもの」と「聖なるもの」

たしかにジュニャーネーシュヴァラと彼の兄弟たちは例外者だ。一般の人間がみならうことなどできはしない。またその必要もないだろう。にもかかわらず、わたしの念頭から彼らが去ることはない。

動かず、語らず、心の作用を統御したすがた。それはヨーガ行者のすがただ。しかし、肉体が活動している以上、「俗なるもの」の否定は不徹底である。完璧な否定は、肉体を無くしたときにのみ実現される。ならば死しかない。ジュニャーネーシュヴァラはそれを実行した。

「俗なるもの」が止滅したとき、「聖なるもの」が顕現するという。人為の完全なる止滅の果てに何ものかがあらわれるとインドの伝統は教える。彼はその何ものかを見たのだろうか。彼は、眼前に立つそのものが、神ヴィシュヌ(ヴィッタル)であり、この人為の世界が、そもそも神の戯れ《たわむ》(リーラー)であることを知っていたのだろうか。

かの若いヨーガ行者は、ひょっとすると入定する以前から何ものかを見つづけていたのかもしれない。そして、彼にとって入定とは、その何ものかを永遠に見つづけるために、時間を超えようとした行為だったと思われる。

もしそうならば、ジュニャーネーシュヴァラは激烈な行為を通じてわれわれに「聖なるもの」のありかを知らせていることになる。

第二章　ヨーガ哲学の本質

1　行為としてのヨーガ

無行為のための行為

ヨーガ行者は坐ったまま、何も語らない。心の状態もわれわれの日常のそれとはまったく異なる。瞑想《めいそう》してサマーディ（三昧《さんまい》）に入った者は、まるで死者だ。今日、インドでは聖者たちの「墓」あるいは「記念碑」を「サマーディ」とよぶが、死の状態を「三昧」と表現しているのである。ジュニャーネーシュヴァラの入定《にゅうじょう》を記念して本堂におかれてあった石も「サマーディ」とよばれていた。

ヨーガは死に似た状態をつくりだすが、しかしヨーガは生者のみがなしうる行為である。しかも、安楽な行為ではない。かの若い兄弟たちのヨーガによる入定は、常人にはなしえない激烈な行為であった。

つまり、ヨーガという行為は、それ自体行為であるにもかかわらず、行為の止滅《しめつ》した状態をめざしている。「無行為のための行為」という矛盾めいたものをヨーガはふくんでいる。だが、この矛盾こそヨーガがインドの宗教のもっとも一般的な実践となりえた秘密なのである。「無行為」すなわち「俗なるもの」の否定をもたらすための「行為」――それ自体「俗なるもの」であるが――という意味で、ヨーガは宗教の根本構造を具現している。

ヨーガはそのような特色をもつ、ひとつの宗教行為である。ヨーガがいかなる理論にささえられているか、「ヨーガの哲学」とはいかなるものか、を知るためには、まずヨーガという行為の構造をあきらかにしなければならない。

手段の目的化

人は生きているかぎり行為をする。何もしないで休んでいても、眠っていても、ともかく何かをしている。行為は生きていることの証《あか》しであり、人のありかたなのだ。

人間の行為にはつぎの三つの要素がふくまれている。

一、目的

二、現状認識（世界観）

三、手段

まず、行為には目的がある。もっとも「無目的の行為」がないわけではない。たとえば、「無心に子供が遊ぶ」というような場合、その子供は特定の目的を意識してはいないだろう。遊びにおいては、一般に目的意識はうすい。目的に縛られることなくたのしむことが遊びの本命だからだ。

しかし、このような無目的の遊びにおいても、遊ぶこと自体、あるいは遊びのたのしみが目的と考えることができる。あるいは、この場合には目的と手段との距離がかぎりなく縮められていると考えることもできる。つまり、手段の目的化がおきているのである。ヨーガにおいても、じつはのちに考察するように、この「手段の目的化」がしばしば見られる。

日常の行為においても、目的が意識されていないことが多い。習慣にしたがって行為がなされるときには、行為の目的が格別意識されることはないであろう。しかしながら、習慣化されたその行為は、いつかなされたその行為の目的の承認にもとづいており、かの三要素の存在が明確に指摘されうる。

目的と現状との距離

一般には、人は行為をするとき、その目的を意識している。目的が意識されたとき、われわれは自分がいまどこにいるか、自分のまわりの状況がどのようなものであるかを、おぼろげながら知っているし、よりいっそう正確に知ろうともする。もっとも時間的には現状を認識したのちに目的が定められるという場合のほうが多いのであろうが。

ともかくも、われわれは実際に行為にとりかかるまえに、到着地点としての目的と出発点としての現在の状況との距離を計るのである。自分がいまどこにいるのかがわからなければ、これからどこへ行けばよいのかわからない。現在、何をもっているかを知ることは、将来において手に入れるものを考える際に必要だ。ようするに、ある行為によって目的を果たすためにはその前提としての「現状認識（世界観）」が必要である。

目的が定まり、現状が認識されると、手段が選ばれる。目的が実現可能であり、現状認識が正しくても、手段の選択をまちがえるならば、目的を実現できないこともある。したがって、手段の選択は、現状の認識と同様、あるいはそれ以上に重要だ。

同じような状況にあり、同じ目的をめざす場合であっても、手段のちがいによってその行為の様相はかなり異なってくる。たとえばインド国内を旅行しようとする際、その手段は一様ではない。飛行機のみをもちいることも、列車のみをもちいることもできる。両者を併用してもよいし、徒歩の旅も考えられなくはない。どの方法を選ぶかによって、「インド旅行」の行動形態が異なることはもちろんであるが、その味わい、あるいは行動の意味も異なってくる。

「インド旅行」の目的が、商用であり、それ以外になんらの関心もない場合には、飛行機か列車かのちがいはそれほど大きな意味をもたないであろう。だが、この旅行がいわゆる観光であったならば、交通手段は、旅行の「味わい」を大きくちがえる問題だ。観光旅行は一種の遊びであり、遊びにあっては目的と手段とがきわめて近い関係におかれるから、手段の差異は直接目的とかかわってくる。

人間存在の本質が行為であることはすでにのべたが、宗教の本質も行為である。人間の行為なくしては、教義も「聖なるもの」の像も無力だ。ヨーガという宗教行為についても、その目的、その現状認識（世界観）、その手段という三つの要素から考察することにしよう。

2 ヨーガの目的

生命よりも高価なもの

家庭をもたず、財産ももたず、しばしば家さえなく、ヨーガ行者たちは「世界」を捨てる。だが、何のために彼らはそこまでするのか。

ジュニャーネーシュヴァラは家庭や財産どころか自らの肉体を――そしてすくなくとも彼自身の生物学的生命を――捨てた。彼の目的は何であったのか。

まわりのすべての人々に別れを告げ、自分の肉体さえ葬り去った彼は、まったく無欲のように見える。普通の人間の欲しがる名声をえたあとで、その名声も捨てたのだから。だがほんとうは、彼は途方もなく欲ばりだったのではないか。彼は自らの生命よりも高価なものを望んだのだ。

その「高価なもの」とは、神ヴィシュヌのもとにいたることだった。かれは「世俗的繁栄」（アビウダヤ）ではなく、世俗的ないとなみのかなたにある「精神の至福」（ニヒシュレーヤサ）を求めたのだった。後者はジュニャーネーシュヴァラにとっては、前者とはくらべようもなく価値あるものだった。

ダルマ、アルタ、カーマ

「現世《げんせ》」すなわち人為の滅したところに、よき何ものかが存在するとインドでは信じられてきた。それはブラフマン（梵《ぼん》）といった宇宙の根源的原理であるかもしれないし、神ヴィシュヌであるかもしれない。よき何ものかを、どうとらえ、何とよぶかはさまざまだが、すべての種類のヨーガ——そしてインドのほとんどの哲学、思想——は、あらゆる人為をしずめるならば、自分たちの求めるものがそこに顕現するはずだという楽天主義にささえられている。

「一切は苦だ」という仏教のスローガンすら、けっしてペシミスティックな響きを有するものではない。さまざまなヨーガ行法《ぎょうほう》は、インド思想の根幹にあるこの楽天主義の伝統のなかで育ってきたものであることは、忘れてならない。

世俗的繁栄（アビウダヤ）を拒んだジュニャーネーシュヴァラやほかのヨーガ行者の行為も、それゆえ、もともとこの楽天主義に根ざしている。精神の至福（ニヒシュレーヤサ）がえられることを期しているからこそ、彼らは望んでアビウダヤを捨てようとするのである。

とはいえ、インドの地ではアビウダヤが軽視されてきた、というわけではけっしてない。かの地では古来、人生の目的として、法（ダルマ、社会的正義）、財（アルタ）、愛欲の対象（カーマ）の三つが、他の土地における以上に重視されてきた。

これら三つの「世俗的な繁栄」（アビウダヤ）を、ほかの国々の宗教の場合と同様に、インドの宗教もしばしば目的としてきた。ヴェーダにもとづく祭式の多くは、個人の精神的救済を目的とするというよりは、息子の誕生や祖先の供養などを目的としていた。ヒンドゥー教の崇拝には、天然痘をつかさどる女神シータラーに対する崇拝のように、病気治癒《ちゆ》などの現世利益《りやく》を目的としたものが多くふくまれている。

これらの目的が追求される際には、その宗教の行為は儀礼のかたちをとるが、現世利益を求める儀礼行為は、ヨーガとは別の目的をもっていることはあきらかだ。もっともヨーガ、とくに後世、変質したヨーガが、現世利益を追求したこともなくはなかったが、それについてはのちほど考察することにしよう。

第四の目的「解脱」

法、財、愛欲の三目的にくわえて、後世、解脱《げだつ》（モークシャ）が第四の目的として認められた。「モークシャ」とは、「解き放つ」を意味する動詞 muc《ムチュ》 からつくられた名詞であり、かぎりなき輪廻《りんね》から解き放たれることを意味する。この第四の目的こそ、世俗をはなれた清明な境地で求められる、個人的「精神の至福」（ニヒシュレーヤサ）である。

シャーキャ・ムニは「最後の生を有するもの」とよばれた。つまり、王子であることをやめ、サールナートで説法をはじめたかの生涯が、輪廻転生《りんねてんしょう》をつづけてきたなかの「最後の生」だというのである。クシナガラの地で入滅《にゅうめつ》した以後は、彼はふたたび生をうけて生まれ変わることはない。輪廻する「生の連続体」がシャーキャ・ムニの涅槃《ねはん》によって終息したのだ。彼は「生」を超えた何ものかにいたったのである。

解脱を究極的目的としたのは仏教のみではない。ヒンドゥーの哲学学派およびジャイナ教のほとんどすべての派が、解脱を究極目的としている。ヴェーダ祭式に関する儀軌《ぎき》の解釈体系を打ち立てようとしたミーマーンサー学派でさえ、後世は個人的な「精神の至福」を目的の一つとした。

現世利益を求める宗教行為は、いっぽうでとぎれることなくおこなわれてきた。これはインド宗教の変わることなき基調である。しかし、ウパニシャッドの哲人たちにつづいてシャーキャ・ムニ、さらにはジャイナ教の開祖ジナが出世したあとは、個人的な「精神の至福」がインドの宗教史において重要なものとなった。また、後世のヒンドゥーの知的エリートたちも、個人的な「精神の至福」により大きな比重をおいた。

ヨーガは、「精神の至福」を求めたインドの宗教的伝統が採用した、もっとも一般的な手段であり、ヨーガの目的はニヒシュレーヤサの獲得にほかならない。

「人生四住期」のプログラム

インドの社会、とくにバラモン社会において、ヨーガは確固たる位置を占めてきた。この社会で「人生の四住期」とよばれている「生涯モデル」に組みこまれているヨーガは、いわばエスタブリッシュメント（支配階層）にとってのヨーガである。バラモン教によれば、上層の階級のもの、とくにバラモンたちは、自分たちの人生をつぎのような四つの時期にわけてすごすようにすすめられていた。その四つの時期とは、

一、学生期《がくしょう》（ブラフマチャルヤ、梵行）
二、家住期（グリハスタ）
三、林住期（ヴァーナプラスタ）
四、遊行期（サンニャーサ）

である。

第一の時期は師の家に弟子入りしてヴェーダ経典などの学習をする。第二の時期には、結婚し、家長となって子孫の養育にあたる。第三期には、家長の地位と義務から解放されて、森に行き、いわゆる隠居生活を送るのである。最後の時期は、森のなかで生活する力もなくなるのであるが、ふたたび家にもどってもよく、あるいはほかのところを遊行《ゆぎょう》してもよい。

このような人生の時期区分が、どれほどの強制力をもったのかは不明であるが、一つの有力なモデルであったことはたしかである。

四住期のなか、はじめの二期にあっては「世俗的繁栄」が求められ、のちの二期にあっては「精神的至福」の追求に重点がおかれた。このようなモデルは、人間の一生を生理的、あるいは社会的、経済的条件などの視点から見て決めたものであろうが、ここにはインドにおける、そしてほかの民族においてもおそらくほぼ同様の、「人生に対する態度」の二つの典型を見ることができる。

インドでは、世俗的繁栄を積極的に求め、その享受を是認するありかたは、「促進の道」（プラヴリッティ・マールガ）とよばれ、世俗的繁栄からしりぞくこと、あるいは投げ捨てることをすすめ、究極的には精神的至福を求めるありかたは「寂滅の道」（ニヴリッティ・マールガ）とよばれてきた。前者が、いわば「現世肯定」であり、後者が「現世否定」の態度である。四住期の前半が前者の道を、後半が後者の道をあゆむことはあきらかである。

林住期のバラモンたちが、苦行あるいはヨーガをおこなっていたことは、まちがいのないことである。しかし、実際にはインドのヨーガの伝統の主要な部分は、年老いて引退したバラモンたちによってというよりも、結婚せず、財産も所有しない行者たちによって保持されてきた。

その極端な例がジュニャーナーシュヴァラやその兄弟たちであるが、ほかの時代にも、ニヒシュレーヤサをひたすら追い求め、生涯ヨーガにあけくれた行者たちが存在した。「促進の道」をかえりみず、「寂滅の道」のみをおのれの道とした行者たちが、ヨーガの伝統を強力に継承してきたのである。

それにしても、かの四住期という「人生モデル」は、インドにおいてヨーガが普遍的にうけ入れられていたことの端的な証左であり、世俗バラモンたちのヨーガもまた、ヨーガの伝統の一部であることにまちがいはない。

彼らのヨーガは、ヨーガが一部のエリート、あるいは例外者のみのものではなく、多くの人々――バラモン以外の人々もふくめて――によって実践可能なことを教えてくれる。そして、だれが実践する場合にしろ、ヨーガの目的はニヒシュレーヤサであった。

3　ヨーガの世界観

古典ヨーガ学派とサーンキャ哲学

非バラモン的起源を有していたと思われるヨーガは、ヒンドゥー教の時代になってバラモン正統派のなかに組み入れられた。

バラモン正統派のなかではじめて明確な「ヨーガの哲学」の体系化がおこなわれたのは、古典ヨーガ学派によってであった。この学派の人々が第一義的にめざしたものは、「精神的至福」（ニヒシュレーヤサ）であった（よくいわれるさまざまな超能力は、ヨーガの「副産物」であって、目的ではない）。

古典ヨーガ学派がめざした精神的至福は、仏教の場合とは異なる意味づけをあたえられている。それは純粋精神としての霊我を本来の状態にもどすことであった。彼らはそれをめざしてヨーガを実践した。「霊我」とは、サーンキャ哲学の重要な術語である。サーンキャ哲学は、ヨーガと同じくヴェーダの伝統とは異なるが、その後、ウパニシャッド精神と多くのものを共有しながら発展し、バラモン正統派のものとして承認されるにいたった思想であり、ヒンドゥー神話の根底にも、このサーンキャ哲学が流れている。古典ヨーガ学派は、その思想的背景をこのサーンキャ学派に借りている。究極の目的をサーンキャ学派の哲学に負っているばかりでなく、その基盤となる現状認識（世界観）をも、この派の哲学に負っている。

サーンキャ哲学の霊我

サーンキャ哲学は、「霊我（プルシャ）」とよばれる純粋精神と、世界の展開の質料因となる「原質（プラクリティ）」との二原理によって世界の創造や「精神の至福」を説明する。サーンキャ哲学において、この二原理は特殊な関係で結びついてはいるが、本質的にはまったく別の存在である。

「霊我」は「観照者《かんしょうしゃ》」ともよばれるように、それ自身は「原質」の活動をみまもるのみであり、能動的なはたらきをすることはない。「霊我」はいわゆる宇宙に一つのみ存在し、世界を統括するといった「世界精神」ではない。というのは、「霊我」は個人的原理であり、一人の人間に一つの「霊我」が存在すると考えられているからだ。したがって、この世界における人間の数だけ「霊我」は存在することになる。

「プルシャ」とは元来、男、人を意味する語であった。これはサーンキヤ哲学において、さらにそれにもとづいたヨーガ哲学においては、基本的には個人個人の解脱が問題であったことを物語るものであろう。もっともこの場合の個人とは、世界における特定の個人ではなく、どの個体ともなりうる不特定の個人である。

霊我は世界を創造する神ではないし、宇宙のリズムを定める理法でもない。われわれの感覚器官、その諸対象、身体など、すべての現象界を超えたところに存在する何ものかである。霊我の存在は、このようにいわば消極的であり積極的なものではない。

根本物質としての原質

さて、世界の実質的形成はもう一つの原理である原質によっておこなわれる。サーンキヤ哲学によれば、「原質」とよばれる根本物質が自らを変形、変質させた結果が、この現象世界なのである。原質のなかにはもともと世界構造のプランが組みこまれており、その状況に対応してそのプランが実行にうつされる。原質には、世界形成の素材としての質料因であるとともに、世界形成の動力因でもあるという二面が存在している。

「原質」を「物質」とおきかえることには問題がある。なぜならば、われわれの感覚、意欲、認識などは、すべて原質のはたらきだからだ。「わたしは霊我である」と思うことは、原質の「思いあがり」であるが、やはりまぎれもなく原質の作用であり、霊我のあずかり知らぬことである。

原質は「グナ」とよばれる三つの要素によって構成されている。「グナ」とは哲学的には属性、性質を意味し、しばしば属性が存する基体としての実体（ドラヴヤ）と対になる概念である。

たとえば、「花が赤い」という事態は、インドでは、「地」の要素でできた花に赤色という色彩が「のっている」というように表象されるが、ここで赤色——赤色のものではなく、色素赤——はグナ（属性）であり、花は「地」というドラヴヤ（実体）である。

実体と属性との関係は、インド哲学の根本問題であった。ある者たちは、この両者のあいだには厳然とした区別があると主張し、ほかの者たちはその両者の本質的区別は存在しないと考えた。前者には論理学派（ニヤーヤ学派）や自然哲学派（ヴァイシューシカ学派）が属し、後者にはヴェーダーンタ学派や仏教が属する。

この問題に関して、サーンキャ学派および古典ヨーガ学派は、どちらかといえば、後者のグループに属する。つまり、属性とその基体とのあいだの本質的相違を認めようとはしない傾向が強い。したがって、サーンキャ哲学において「グナ」とは、原質の属性、様態を指すと同時に、属性様態の基体としての原質そのものをも指している。原質を構成する三つの要素とは、つぎの「三つのグナ」（三徳）である。

一、純質《じゅんしつ》（サットヴァ）——知性、「光輝」の要素——

二、激質《げきしつ》（ラジャス）——経験、動力の要素——

三、暗質《あんしつ》（タマス）——慣性、「暗黒」の要素——

宇宙の展開の根本素材である原質は、現象世界へと展開（転変）する以前は、「未顕現なもの（アヴィヤクタ）」とよばれる。具体的なかたちをとってあらわれていない、原初の質料因である。アヴィヤクタの状態においては、かの三つのグナは完全な均衡状態にある。

現象世界の出現

未顕現の原質は、やがてある救済論的目的のために——この目的についてはのちほど述べよう——均衡状態という本来の状態をはなれて、「大《だい》（マハット）」とよばれる力のかたまりとなってあらわれる。この「大」は「覚（ブッディ）」とよばれることもある。原質はさらに「大」あるいは「覚」の状態から、「自己-感覚」（アハンカーラ、我慢）の状態へと転変する。自らをつくりかえるのである。この「自己-感覚」とは、個々人の自己感覚あるいは自己意識ではなく、いわば集合的な自己統覚作用の原初的形態である。つまり、心的原理なのではあるが、明確に意識された個人的経験を欠く、世界全体の原理である。

この未発達の「自己-感覚」のかたまりはその後、異なる二つの方向へと転変をつづける。つまり、いっぽうでは主観的現象世界へと転変し、他方では客観的現象世界へと転変する。「自己-感覚」から現象世界の出現を引きおこす原因は、三つのグナのあいだの勢力の不均衡である。あるグナの勢力が他のグナの勢力に勝るとき、その勢力のあるグナに相応して、かの「自己-感覚」のかたまりが自らのすがたを現象世界へと変えるのである。

純質の勢力が「自己-感覚」のなかで支配的なときには、十一の器官（十一根）――五感覚器官（五知根）、思惟器官（意《マナス》）および五行為器官――があらわれる。「五感覚器官」とは、視覚、聴覚、嗅覚、味覚、触覚のための五器官、ようするに、眼、耳、鼻、舌、身（皮膚）のことである。第六の器官「意《マナス》」は意識作用をつかさどり、

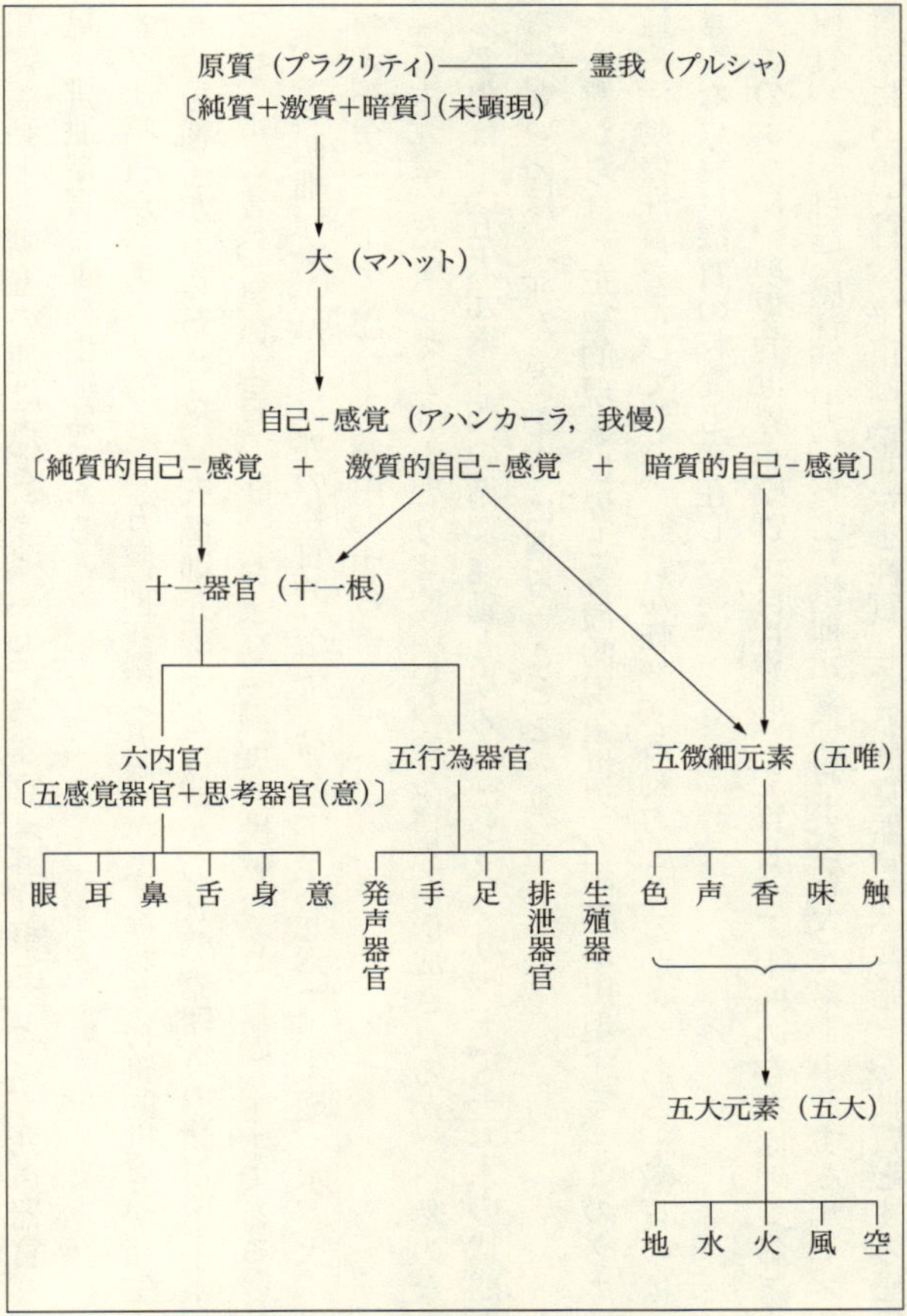

図1　サーンキャ哲学による世界の展開

知覚活動と運動との連結点となる。「五行為器官（五作根）」とは、発声器官、手、足、排泄器官および生殖器である。

グナ暗質が勢力をえると、「五微細元素（五唯《ゆい》）」、すなわち物質的世界が発生するための種子があらわれる。「五微細元素」とは、かの五感覚器官の諸対象――色彩（色）、声（音）、臭《にお》い（香）、味、および「温度、硬軟など」（触）――である。そして、「五微細元素」から世界の物質的基礎となる「五大元素」――地、水、火、風、および空（エーテル）――が出現する。

「五大元素」によって人間をとりまく、いわゆる自然が形成されるが、自然のなかでの変化は、「五大元素」間の循環運動となる。サンスクリットで「五大の状態となる」といえば、「死んで『土』に還《かえ》る」ことをいう。

激質からは、主観的現象世界と客観的現象世界の両者が出現する。このグナは慣性、活動の性質を帯びており、原質が転変する動力となるからである。激質のはたらきがなければ原質の転変も存在しない。

このように、現実的世界へ原質が自ら変形、変質した二十四の存在原理（諦）――原質、大、自己-感覚、十一根、五微細元素、および五大元素――とするサーンキャ哲学にあっては、宇宙は「光」を性質とする感覚器官と、「暗」を性質とする感覚器官の対象とが対立し、その両者に動力が存するという構造をもっている。光と暗とのあいだを力がつきぬけると、現象世界が成立するのである。

ヨーガ行者の世界

この「宇宙」は、天と地とがあり、陸や海に生物があり、人間もその一部であるというかたちで考えられた世界ではなくて、一人の人間が自分の感覚器官をもちいて経験した「世界」である。世界についてのこのような考えかたは、インドが古代からもちつづけてきたものだ。

ヨーガがかかわった世界もまた、このような世界である。つまり、ヨーガの行法が統御《とうぎょ》すべき世界は、ヨーガ行者個人が自らの感覚器官をもちいて経験することのできる、「周囲の世界」なのである。

世界を個人の「周囲の世界」として理解する態度は、仏教においても見られる。初期仏教においては、心身の構成要素として五蘊《ごうん》が数えられた。五蘊とは、色かたちあるもの（色）、感受（受）、観念（想）、意欲や行為の慣性（行）、そして認識（識）である。第一の色はいわゆる物質的存在であり、残りの四要素が心的作用である。五蘊はけっしていわゆる宇宙の構成要素ではない。すべての個体を包み込み、すべての生《しょう》類《るい》がそこで生きているといった宇宙は、すくなくともサーンキャ、古典ヨーガ、初期の仏教では考えられていなかった。

ヨーガにおいて止滅させられるべき世界は、このように行者の個人的世界である。したがって、ヨーガの最終段階において行者に顕現する「聖なるもの」は、個体をはなれた観念的、抽象的なものではなく、具体的な個体において直証されるものである。

古典ヨーガ学派は、サーンキャ哲学の世界観にもとづいて、自分の周囲の世界を原質の活動としての三つのグナの抗争、つまり「光」と「闇」と「運動」との抗争ととらえ、この三つのグナの均衡を取り戻して「世界」の展開を止《と》め、かの純粋精神（霊我）の本来のすがたを目のあたりにしようとする。なんらかの手段によって、三つのグナの均衡状態が成立し、原質の活動がやむならば、「世界」は展開をやめ、原初の統一へともどる。世界（宇宙）が始原へ回帰した状態でこそ、プルシャ（霊我）は本来の姿でかがやき、それを眼前にしたヨーガ行者に精神的至福が訪れる。

ヨーガとことば

サーンキャ哲学に多くを負いながら、古典ヨーガ学派は、その「なんらかの手段」をあきらかにしようと努力したのだが、その際彼らは、手段としてのヨーガをできるかぎり普遍的なものにしようとした。ヨーガは特殊な能力に恵まれたもののみの道ではない、根本経典に書かれていることをまもり、師について訓練をうけさえすれば、あゆむことのできる方法であると彼らは考えた。その方法の考察が「ヨーガの哲学」であった。

ヨーガの師たちは、ことばによって説明することをいとわない。むしろ、ことばや知識の体系に忠実であろうとする。そうすることによって、ヨーガの伝統がより広く、より正確に伝えられると信じたからである。

たしかにヨーガの究極的な境地をことばによって表現することは、ほとんど不可能であろう。しかし、だからこそヨーガは、その直前の境地をなんとかことばによって語ろうとするのだ。ことばを尊重することは、バラモン正統派の哲学でも仏教においても同様である。後世のインド密教においては、在野の行者たちもことばによる説明を忘れない。

チベットの有名なヨーガ行者ミラレーパは、論理学などの知的体系をきらった。しかし、彼とても弟子たちに説明するときには、ことばの有効性を信じてうたがわなかった。インド、チベットでは、ヨーガを伝える際に、「不立文字《ふりゅうもんじ》」という態度はとらなかった。

ヨーガ行者は、自分たちのおかれている「世界」について綿密な考察をし、しかもそれをことばによって表現した。ヨーガは元来は実践なのではあるが、現状認識（世界観）のため、さらにはその実践の過程におけるさまざまな経験を伝えるために、精緻な哲学をうちたてることができたのである。

いっぽう、中国的、日本的ヨーガともいうべき禅は、世界観や手段の伝達のために、ことばの精緻なシステムをつくりあげようとはしない。インドのヨーガと禅との重要な相違の一つはここにある。

4 ヨーガという手段

心の作用の統御

ヨーガ自体は特定の理論体系ではなく、また特定の宗派あるいは学派とのみ結びついてきたものでもなかった。ヨーガの本質は手段、技術であることだ。これは個人的な精神的至福、あるいは特殊な心的能力（超能力）をえることを目的にした、実践者自らの身心に適用される技術である。

古典ヨーガ学派の根本経典『ヨーガ・スートラ』は、ヨーガを「心の作用の統御である」（一・二）と定義している。

心や感覚器官はインドではしばしば馬にたとえられる。馬の気のおもむくままにまかせていては、どこに行くのかわからない。馬に軛《くびき》をかけて馬の動きを御する必要がある。「ヨーガ」という語はすでにのべたように「馬に軛をかける」という意味の動詞 yuj《ユジュ》 から派生した語である。ヨーガ行者も心に軛をかけてその動きを統御する。しかし問題は心のどのようなはたらきを、どのような程度にまで、そしてどのような仕方によって統御するかということである。統御すべき対象、統御の程度、統御の仕方などの相違によって、後世さまざまなヨーガの分派が生まれることになった。しかしながら、ヨーガが第一義的にはともかくも「心の作用の統御」であることはまちがいない。

古典ヨーガ学派の思想、さらにはインドの思想一般にとって、「心の作用」とは、たんに個人の精神作用にとどまらず、いわゆる現象世界をも指している。これはサーンキャ哲学における世界が、個体が自らの感覚器官を通して経験することのできる「周囲世界」を指していることと矛盾するものではない。つまり、サーンキャ哲学の主張する「世界」が、個人を通して見たものであったとしても、それは個人の枠《わく》を超えたいわゆる「宇宙」を指していたからである。

個体が把握《はあく》する世界は、同時に個体を超えた世界でもあるというのが、インドにおける「世界」の理解である。それゆえにこそ、心の作用を統御することが、五大元素、五行為器官、五感覚器官などに分化して活動している世界を、その原初の状態へともどすことを意味することができるのである。

「俗なるもの」の否定

世界の活動は止めさせられる必要がある。そうでなければ、世界の活動に邪魔されて霊我の光はヨーガ行者にかがやかない。

「ヨーガは霊我の光がかがやくことのできるように、世界の活動を統御してその道をひらく。ヨーガ自身は何もつくりだすことはない」

とエリアーデは『ヨーガ――不死と自由――』のなかでのべる。エリアーデにとって宗教とは、「俗なるもの」のなかにおける「聖なるもの」の顕現であり、「聖なるもの」の顕現のために「俗なるもの」を滅する手段が、ヨーガであった。

この場合の「俗なるもの」とは、くだらない俗世間的なものという意味ではない。ヨーガにおいて滅せられるべき「俗なるもの」とは、すべての心の作用、ひいては、「世界」である。その心の作用が日常生活に役に立つものであっても、論理的に正しい推論などであっても、ヨーガにとっては滅せられるべき「俗なるもの」である。ヨーガにかぎらず、宗教行為——とくに個人的な宗教実践——は、つねに自分が生まれかわるためのものである。いまの自分を変えたいと思わないものには宗教は不必要だ。生まれかわるためには、まず死ななくてはならない。程度の差はあろうが、ともかく自己否定がなくては、宗教的な意味での自己の変革はありえない。「俗なるもの」は自らを滅することによってのみ、「聖なるもの」の顕現をもたらすことができるのだ。

すでにのべたように、本書における「思想の軸」である「聖なるもの」と「俗なるもの」との二極構造は、エリアーデの「聖」と「俗」の理解に多くを負っている。彼は「聖」と「俗」という二極構造を、民族や時代のちがいを超えた、人間の根源的心性に根ざしたものだと考える。彼にとって、太陽、月、星、宮殿、女性などに見られる「聖」のシンボリズムは世界のどこにも、そしてどの時代にも共通してあらわれる心性のパターンである。世界の神話にくりかえしあらわれるかのパターンの構造は、エリアーデにとって、歴史的、地理的条件に還元不可能なものである。したがって、エリアーデの思想においては、「俗なるもの」の否定が、社会的、歴史的に実際どのようなかたちを採ったのかは、あまり問題とはならない。

第三章　『ヨーガ・スートラ』の哲学

1　『ヨーガ・スートラ』について

インド人とシステム

のちほどくわしく説明するが、ヨーガには大別して二つの流れがある。古典ヨーガとハタ・ヨーガである。ここではまず前者の根本経典となっている『ヨーガ・スートラ』にみられる「哲学」を考察することにしたい。古典ヨーガはハタ・ヨーガより古く、「ヨーガの古型」をたもっている。

ところで、ヨーガを考察する際にわれわれがまず念頭に置かなくてはならないのは、インド人にとってシステムというものが不可欠であったということだ。ヨーガという技術もまたシステムなのである。

インド精神がつねにもとめたもの、それはシステムである。祭式、文法、修辞法、詩、ドラマ、呪術、そしてヨーガのような宗教実践にいたるまで、ほとんどすべての知と行為の分野でシステムを打ち立てようとした。「インド哲学」の隆盛となるゆえんである。

哲学はことばを大切にする。インド人は究極のものが、ことばを超えたものであることを知っている。それでも「インド哲学」は、ことばによる挑戦をやめない。ぎりぎりのところまでことばによるシステムをつくりあげていって、最終の段階で沈黙するのである。

ヒンドゥイズムの時代になって、元来は非バラモン的起源をもつと思われるヨーガという宗教実践の方法を、ひとつの体系的な「悟《さと》りの哲学」のなかに位置づける役目を果たした古典ヨーガ学派の人々は、ヨーガという行法《ぎょうほう》の体系を、ことばをつくして説明しようとした。その最初のまとまった成果が『ヨーガ・スートラ』であった。

『ヨーガ・スートラ』の構成

『ヨーガ・スートラ』(ヨーガ経) は三〇ページあまりの小品で、四章にわかれている。現形の成立年代は、二世紀から四世紀ごろであろうと推測されている。だが、二世紀にせよ四世紀にせよ、紀元後にその内容のすべてが成立したものではない。紀元前にすでに成立していたインド古代のいくつかの伝統があわさって、一つの経典になったと考えられるのである。

どのような伝統が『ヨーガ・スートラ』に組み入れられたかはよくわかっていない。このように不明な点が多いという事情は、『ヨーガ・スートラ』にかぎったことではなく、インド古代の古典の成立事情は、程度の差こそあれ、このようである。

このことは、インドのもろもろの伝統があやふやなものであることを意味するのではない。ある学派の根本経典の作者や成立年代がはっきりしないのは、何十年、何百年にわたるそれまでの伝統の蓄積を、複数の編者がまとめたという場合が多いせいである。古代的世界においては、著者あるいは編者の名称は、今日におけるほど重要ではなかった。というのは、書物の作者個人にクレジットがいくというよりも、その書物が伝統をうけついでいることが、はるかに重要だったからだ。

『ヨーガ・スートラ』の編者は、パタンジャリと伝えられている。この人物が文法学者パタンジャリ（紀元前二世紀ごろ）と同一人物かどうかについて、これまで論議がつづけられてきたが、まだ結論をみるにはいたっていない。しかし、J・ハウエルが指摘するように、『ヨーガ・スートラ』のもっとも古い部分が、かのパタンジャリの編集によるものであることはありうることだ。

このように『ヨーガ・スートラ』には不明な点が多いが、古典ヨーガ学派の根本経典として、今日にいたるまでもちいられてきた。

この学派の理論的発展はこの経典にたいする註、復註、さらにそれに対する註（復々註）というかたちでおこなわれた。

重要な註としては、ヴィヤーサ（七、八世紀）の『バーシュヤ』、それにたいするヴァーチャスパティ（八五〇年ごろ）の復註『タットヴァヴァイシャーラディー』、「インド最大の哲学者」シャンカラ（八世紀ごろ）に帰せられている、やはり『バーシュヤ』の復註『ヴィヴァラナ』などが残されている。

『ヨーガ・スートラ』四章の内容構成についても、今日まだ定説をみるにいたっていないが、『ヨーガ・スートラ』全体を現形の章とはいちおう別に、以下のように四つの部分にわける説が有力である。

	現形　スートラ番号
第Ⅰ　哲学的基礎	一章
第Ⅱ　実践理論	二章一〜二七
第Ⅲ　八支ヨーガとその結果	二章二八〜四章一

第Ⅳ　心転変（心の展開）等に関する理論　四章二～三四

もっとも第Ⅰのグループのなかにも、あきらかに相互に異なると思われるいくつかの伝統が組み込まれていたりして、厳密には『ヨーガ・スートラ』の内容構成は、これよりはるかに複雑である。

第Ⅰにのべられるヨーガと第Ⅲにのべられるヨーガも、異なった伝統に属すると考えられるもので、編者パタンジャリは、これらの異なった伝統をなんとか統一のとれたものにしようと努力している。そのため、『ヨーガ・スートラ』のなかには、これらの異なった伝統の橋渡しをする役目のスートラがおかれている場合もある。

2　『ヨーガ・スートラ』の哲学

スートラとは何か

『ヨーガ・スートラ』は、「さて、ヨーガの解説をしよう」（一・一）という文章ではじまる。この書き出しは、ほかの学派の根本経典の書き出しと似ている。

たとえば、ヴェーダ祭式を体系化しようとする『ミーマーンサー・スートラ』は、

「さて、これから儀礼の探求をしよう」という書き出しではじまり、『ヴェーダーンタ・スートラ』は、「さてつづいてブラフマンの探求をしよう」という文章ではじまっている。

「スートラ」とは、元来は「糸」を意味する。インド古代の写本が、ちょうど窓のブラインドのように、貝葉《ばいよう》あるいは紙のなかほどに穴をあけて、糸を通しておいたところに由来するといわれる。もっとも文字に書かない時代にも「スートラ」の名は存在するが。

経の意味でのスートラは、通常、できるかぎりみじかい文章でのべられており、それだけではその意味を理解するには困難な場合が多い。「スートラ」とは、先生が弟子に説明するときのキャプションあるいは、目安となるものであって、それのみで学習すべきものではないからである。

もっとも仏教経典としての「スートラ」、たとえば、般若経《はんにやきよう》とか法華経《ほけきよう》とかは、『ヨーガ・スートラ』あるいは『ミーマーンサー・スートラ』とはいささか異なっている。つまり、仏教のいわゆる「お経」は、仏陀《ぶつだ》が人々にむかって教えを説くという筋書きになっていて、一種の文学作品なのである。

『ヨーガ・スートラ』はつづいて「ヨーガとは心のニローダである」（一・二）とヨ

ーガの定義をのべている。問題は、「ニローダ」(nirodha)という語の意味だ。この語は一般には、統御《とうぎょ》とか止滅《しめつ》とか訳されているが、この二つの訳語の意味には大きな相違がある。

「ニローダ」というサンスクリットの単語自体には、どちらの意味もある。心の作用を統御するのであれば、心の作用が抑えられたり、変質させられることはあっても、心の作用そのものが無となることはない。いっぽう心の作用を止滅させる場合には、心の作用そのものが無となるのである。

「無となる」とは、どのようなことなのか。生物学的生命体としての活動をもやめてしまうことではけっしてない。眠ってしまうことでもない。ヨーガによって三昧《さんまい》の境地に入ることとは、寝入ることではないし、行者が自己催眠をかけることでもないのである。

では、何も考えないことか。たしかに、その側面はあるだろう。すくなくとも日常的な意味では、何も考えないのだ、ということができるだろう。しかしながら、何も考えず、茫然としていれば、それがヨーガの求める境地なのか。仕事が終って煙草を吸うときか、一日の終りに風呂に入ったようなとき、何も考えず、あるいは、考える気力もなく、休息するときの状態に似たものであろうか。

そうではあるまい。もしもそのような休息が求めるものならば、インドのヨーガ行者たちが家族や家を捨て、自らの生命をも捨てて「心の作用のニローダ」を求めることはなかったのである。かのジュニャーネーシュヴァラが、まだ若い己《おの》が肉体を犠牲にしてまでも求めたものが、ただたんにリラックスして何も考えないといった状態であったとは考えられない。

「統御」と「止滅」

『ヨーガ・スートラ』の定義に登場する「ニローダ」は、「統御」あるいは「止滅」のいずれをも意味してきた。後世の註釈家たちがそれぞれの立場にしたがって、「統御」あるいは「止滅」のいずれかを重視したのである。

ヨーガの全歴史を通じて心の作用がどの程度まで抑えられるかについては、異なった見解が見られる。おおざっぱにいうならば、古典ヨーガ学派に代表されるような古い形のヨーガは、止滅という側面を重視し、後世の密教的ヨーガでは、統御という側面を重視したということができる。

『ヨーガ・スートラ』(一・三)は、ヨーガの哲学の理論的基礎を簡潔にのべる。つまり、「心の作用が止滅(ニローダ)されたときには、純粋な観照者である霊我はそれ自体の本来の状態に留る」。

「観照者」、「霊我（プルシャ）」とは、すでにのべたように、サーンキャ哲学の術語である。心の作用が止滅したときとは、世界の根本物質である原質「プラクリティ」が展開して現象世界となった過程を、逆に短期間にたどって到達する原初の状態を指している。ヨーガがめざすのはそのような状態である。

霊我と原質

では、心の作用が止滅していないときには、純粋な「見るもの」である霊我はどのような状態にあるのか。『ヨーガ・スートラ』（一・四）がこたえる。

「そうでないとき（すなわち、心の作用が止滅されていないとき）、霊我は心のもろもろの作用に同化したかたちをとっている」

霊我は原質の活動を「王が、つぎつぎと登場し、踊っては引きさがる踊り子たちを見るように」見るのであるが、「王」の心は「踊り子たち」の姿に動かされてしまう。というよりも「踊り子たち」、つまり原質が、精神的原理である霊我に対してはたらきかけつづけているのが、心の作用の止滅していないときの状態なのである。

霊我は各個人に存在しているが、それらの霊我は世界に遍在している。したがって、世界には個体の数だけ霊我がかさなりあっているということになる。原質も世界に遍在していて、霊我と原質とがたがいに関係しあう。原質は現象世界のさまざまなありさまを霊我に見せつけ、霊我自体は苦渋に満ちたこの世界とは無関係な純粋精神であることを霊我に悟ってもらおうと考えるのである。

サーンキャ哲学によれば、この多様な現象世界をつくりあげた――厳密にはこの世界へと自分をつくりかえた――原質は、じつはかの見守るだけの役をしている霊我のためにこそ存在するのである。原質の複雑な展開は、霊我を救済するためのはたらきであった、とサーンキャ哲学は告白する。これが、以前に言及した原質の救済論的目的なのである（51ページ参照）。

心の作用に同化しているかぎり、霊我はそれ本来の状態にないのであるが、心の作用に同化しながら原質の展開したものに影響をうけていることが、じつは霊我がこの世界から解放されることの原因ともなるのである。このような考えかたは宗教においては珍しいものではない。

仏教においても、迷いの世界にあることが、「原因」であり、悟りが「結果」と考えられ、迷いの状態から悟りにいたるための過程、あるいは実践が「道」とよばれる。迷いこそが悟りの原因と考えられているのである。

同様にして、霊我が自らの本質に気づかず、心のもろもろの作用に同化しているのは「原因」のときであり、心の作用が止滅して霊我が本来の状態にとどまっているのが「結果」のときである。そして、ヨーガは結果にいたるための「道」なのである。

心

では「心の作用」という場合の「心」とは何か。

「心（チッタ citta）」は「認識する、知覚する」、あるいは「照る、かがやく」という意味の動詞「チット cit」からつくられた過去受動分詞であり、文字どおりには「認識されたもの」を意味する。『ヨーガ・スートラ』では、「チッタ」の明確な定義はあたえられておらず、従来、この語は「内官」、「心的複合体」、「意識」、「思考原理」などとおきかえられてきた。『ヨーガ・スートラ』の「心」の意味は、いささか不鮮明であるが、その用法から判断するに、あらゆる意識活動、精神活動を可能にする機構を指していると思われる。

「心」は、もちろん霊我ではない。原質が転変をはじめた初期の段階である「大（マハット）」とか「自己意識」でもない。「思考器官（意、マナス）」の背後にあって、思考を可能にするものが「心」なのである。

「心」は霊我と原質との結びつきを可能にするものでもある。『ヨーガ・スートラ』（一・四）で、本来の状態にないときには「霊我は心のもろもろの作用に同化したかたちをとっている」とのべられているが、心の作用が霊我に「染め移される」ことによって霊我と原質とを結びつける。

見るものと見られるものとに染められた心は、すべてのものを対象とする（四・二三）。

「見るもの」とは霊我であり、「見られるもの」とは転変した原質である。「染められた」とは見られたという意味であり、「対象とする」は見るということである。したがって、霊我によって見られた心は霊我を見るのである。このようにして、心は見るものであるとともに見られるものでもある。

心の作用

心の作用は『ヨーガ・スートラ』によれば五種類である（一・五〜一一）。

一、正しい認識（その手段をも含《ふく》む）
　　a　直接知覚
　　b　推論
　　c　伝統的教説
二、誤謬《ごびゅう》（事実に反した認識）
三、分別知（ことばのみにもとづく認識であり、真とも偽ともいえない判断）
四、熟睡
五、記憶

これらの作用と心との関係について『ヨーガ・スートラ』は明確に語っていないが、心は全体的機構を指し、これらの作用はその機構の作動している部分と考えることができよう。「実在論的」ヴァイシェーシカ学派によれば、我（アートマン）という実体に認識（ブッディ）という属性があり、この両者ははっきりと区別される。ヨーガ哲学において心とその作用は、ヴァイシェーシカ学派における我と認識のようには明確には区別されない。したがって、『ヨーガ・スートラ』の「心の作用」とは、「それぞれの作用というすがたをとった心」と理解すべきである。

潜在印象

これらの五種の心の作用は意識にのぼったものであるが、心のなかには「意識の下に」過去の経験の印象が積みかさなっている。心の作用が消え去っても、心がはたらいたときのいきおい（慣性）は印象として心に残るのである。この潜在印象はサンスカーラ（行《ぎょう》）とよばれる。サンスカーラには記憶と煩悩《ぼんのう》と業遺存《ごういぞん》とがあるが、業遺存とは、「煩悩を原因とし、現世あるいは他生において経験される可能性のあるもの」（二・一二）といわれている。

記憶と煩悩とは心の転変の原因となる。記憶とは過去の経験が心に刻印されたものであり、思い出されていない、つまり潜在的な場合と意識された顕在的な場合とがある。記憶がまた、新しい心作用を生むことは、日常しばしば経験されている。煩悩はまさに心のもろもろの作用を産出する母体であるが、これには五種が数えられる。

一、無知（真理に対する知の欠如。たとえば、無常なものを常なるものであるというような場合である）

二、我想（内官のはたらきを霊我であると錯覚してしまうこと）

三、貪欲

四、憎悪

五、生命欲（生きようとする自己保存の本能）

記憶の場合と同様に、煩悩も潜在的なものと顕在的なものがある。前者の形態で存する煩悩は、「心を逆に転変させる」（二・一〇）ことによってのぞくことができる。心、つまり心的作用を有する根本物質（原質）は大《マハット》、自己-感覚、現象界というように転変してきたが、ヨーガによって霊我の本質を知った「心」は、こんどはこれまでの転変の方向を変えて原質（プラクリティ、「自性《じしょう》」とも訳される）へと、逆に転変するのである。

逆方向をむく心は、潜在的な煩悩を未発のままに、原初の根本物質のなかへと退行させ還滅させるのである。すでに顕在化した煩悩は、かなり進んだヨーガの段階である静慮《じょうりょ》によってのぞかれる。このようにしてヨーガは、「無意識」をも統御しようとするのである。

心の意識作用および潜在印象を統御、あるいは止滅させたとき、「見るもの（霊我）」と「見られるもの（原質）」との結合がなくなる。それによって、霊我は「自分のみで存在する状態（独存位）」を獲得する。霊我のこの状態をえるためには、秩序立った修練をしなければならない。

3　八階梯のヨーガ

ヨーガ・システム

ヨーガは、計画的、主体的な反復行為である。定められたプランにしたがって、順序よく段階を昇っていかねばならない。師について一定の期間をかけ、それぞれの階梯においてあらわれてくる諸体験をかみしめながら、さらに高次の階梯にのぼっていくのである。

『ヨーガ・スートラ』（二・二八〜三・八）は、秩序立ったヨーガ・システムとして「八階梯のヨーガ」（八部門のヨーガ、八支ヨーガ）を説明している。この部分は先にのべた『ヨーガ・スートラ』の、おそらくもっとも古い部分（二・二八〜四・一）の前半部分である。

ヨーガは八階梯（アンガ、文字どおりには部門の意味）より構成される。つまり、

一、禁戒《きんかい》(道徳的準備)
二、勧戒《かんかい》(ヨーガの精神・身体上の準備)
三、坐法《ざほう》(ヨーガ実践の準備としての坐り方)
四、調息《じょうそく》(呼吸・気の調整)
五、制感《せいかん》(対象よりの心の離脱)
六、凝念《ぎょうねん》(特定の場における心の固定)
七、静慮《じょうりょ》(固定された心の進展)
八、三昧《さんまい》(客体ばかりとなった心)

これらの八つの階梯は、第一から第二まで、第三から第五まで、第六以降という三つの部分よりなりたっている。一〜二はヨーガをおこなうにあたっての道徳や対自的な心得であり、三〜五はヨーガのめざす境地に入るためのヨーガの実質的準備である。六〜八は実際にはひとつづきのものであり、「総制」(サンヤマ)とよばれ、三昧の境地をめざす。

禁 戒

第一の階梯である禁戒には、不殺生《ふせっしょう》、正直、不盗、不淫、および「財産の無所有」の五つの項目がある。これらは仏教の五戒（パンチャ・シーラ）とほぼ同じものであり、行者として生きていくために最小限まもらねばならない社会的規範である。ヨーガ行者は、仏教の比丘《びく》、比丘尼《びくに》たちのように集団生活をするわけでもなく、在家《ざいけ》の仏教徒のように一般の社会生活をするのでもないが、食事は一般の家庭からの喜捨《きしゃ》によることが多かったであろうし、いっぽうでは人間の理想的モデルとならねばならなかった。ヨーガ行者はけっして反社会的存在ではない。もっとも後世は性行為を手段とするヨーガの行法が生れたが、その場合でもその種のヨーガは師より許可をえたかぎられた行者のあいだでのみおこなわれ、社会の性道徳をみだすというようなことはなかった。

勧戒

第二の階梯の勧戒にも五項目が数えられる。すなわち、(一) 心身を清め、(二) 満足を知り、(三) 苦行をおこない、(四) 経典を読誦《どくじゅ》し、そして (五) 自在神を祈念することである。行者は身体を清潔にたもち、かつ慈悲の心によって心を浄化しなければならない。また、生命をつなぐもののみで満足し、それ以上は求めてはならない。

苦行、読誦、自在神への祈念の三つは、「行事《クリヤー》ヨーガ」とよばれ(『ヨーガ・スートラ』二・一)、三昧の境地を発現し、煩悩の力を弱めるために効果がある。

『ヨーガ・スートラ』の哲学は自在神(イーシュヴァラ)の存在を認めており、有神論である。この意味で無神論であるサーンキャ哲学とは異なる。もっともヨーガの神イーシュヴァラは、世界の創造主でもないし、宇宙の根本原理でもない。自在神とは、煩悩や業《ごう》によって汚されていない特別なプルシャ(霊我)である(一・二四)といわれるが、このプルシャはサーンキャ哲学の霊我《プルシャ》とはいささか異なり、ヨーガ行者のモデルと考えられた人格的存在である。それは「太古のグル(師)たちにとってさえもグルである」(一・二六)。

自在神への祈念は、ヨーガの行法のなかで特殊な位置を占める。というのは、すぐれた素質をもつ行者であれば、自在神への祈念のみで三昧に達することができるからだ(一・二三、二・四五)。一般には行者は階梯を一つずつのぼっていくのであり、それがヨーガの特徴でもあるが、神を心に念ずるのみで三昧にひととびに入ることのできる素質の者たちが存在したにちがいない。

坐法

第三の階梯「坐法」からヨーガの実質的な行法がはじまる。ヨーガを実習するためには「安定した快適な」坐りかたをしなければならない。両足を組み、背骨をまっすぐにし、顎《あご》を引いたすがた――ちょうど仏の坐像に見られるような――が、三昧に入った仏のすがたで、ヨーガ行者がめざすべきすがたでもある。

踊ったり、歌ったりすることによっても恍惚《こうこつ》とした状態に入ることのできる人々がいる。しかし、踊ったり歌ったりしておこなうヨーガはない。第二の階梯において読誦があったが、それは行者自身の心の準備にすぎない。ヨーガ行者は、動かず、話さず、心もはたらかさない。

身体を動かすこと、ことばを話すこと、心をはたらかせること、これらはすべて原質《プラクリティ》のはたらきなのであって、「俗なるもの」である。「聖なるもの」である霊我《プルシャ》は、これらの原質のかなたに存在する。坐法により、まず身体（身）の活動と言語（口）の活動が統御される。これ以降の階梯が心（意）の活動を統御するのである。

『ヨーガ・スートラ』は、坐法についてくわしくのべていない。「安定した快適なものであり」（二・四六）、「緊張をゆるめ、心を無限なものに合一させる」（二・四七）とのべているのみで、どのように足を組むかなどについてはふれていない。実際の坐りかたは師から直接に教えられたのであろう。後世、さかんになったハタ・ヨーガのテキストには、坐りかた（体位法）がくわしくのべられており、われわれものちほど考察したい。

調　息

坐った行者は「気（プラーナ）」の流れの調整に入る。「プラーナ」とは、息、呼吸を意味するが、ここの「プラーナ」は息ではなく、「気」あるいは生命エネルギーのことだ。「プラーナ」には生命という意味もあり、「プラーニン（プラーナを有するもの）」とは、生類《しょうるい》のことである。「気」と「息」とは深い関係にあり、「気」の調整は実際には「息」をととのえることによってはじまる。

「気」は心のはたらきのエネルギーであり、「生きている」という実感の源でもある。身体のなかでは血がめぐり、空気が出入し、神経系統が反応している。このように身体では一瞬の休みもなくエネルギーの流動がある。このエネルギーがいったい何であるか不明であるが、ともかく生きもののみに許された波動の存在することはたしかである。循環器系統、神経系統、消化器系統などのシステムのなか、呼吸器系統は人間の自由意志によって、そのはたらきをもっとも変化させることのできるものだ。このことが坐法のあとに調息がおかれていることの一つの理由であろう。

人間が激怒したときには吸う息、吐く息の間隔はみじかい。「気を落ちつける」ためにわれわれは意識的に大きく息を吸う。催眠術によって「金しばり」にあい、硬直状態にあるときにも「大きく息を吸いなさい」という命令にしたがうことによって、その状態から脱出できるのである。このようにして「気」の調整は人の精神および肉体の状態の調整となる。

調息に関する『ヨーガ・スートラ』の説明は、みじかく、註釈家による解釈もさまざまだが、ようするに調息のめざすところは、「呼息と吸息の流れを絶《た》つこと」（二・四九）だ。吐く息と吸う息にかかる時間を、かぎりなく「長く細く」（二・五〇）していくことによって、息をしているかしていないのかわからない状態に入るのである。このように呼吸のしかたが統御されれば、体内における「気」の流れがよどみなく、すっきりとしたものとなる。

「気」とは意志作用と深く結びついており、「気」をととのえることは、これ以降の階梯において必要な、意志の強さを鍛《きた》えることでもある。とくに第六の階梯において意志（マナス、意）の集中が必要となる。

制感

眼、鼻、耳などの感覚器官は、われわれが目覚めているかぎり、それぞれの対象と結びつく。感覚器官は「出好き」であり、統御しがたく、しばしば馬に譬《たと》えられる。彼らのおもむくままにまかせていては、「気」は散漫になり、心の活動の統御はありえない。

第五の階梯である制感では、対象へと結びつこうとする感覚器官を引きもどした結果、「感覚器官が心自体の模造品のようになる」(二・五四)。つまり、感覚器官がそれぞれの対象と結びつくことをやめ、心の動きにのみしたがうのだ。

ここで行者の心は、対象から引き離されて従順になった感覚器官をともなったまま、つぎの階梯に進むのをまつ。ヨーガ行者の心はこのまま対象と結びつかずに沈んでいくのではなく、つぎの階梯ではえらばれた対象と結びつくことになる。対象をえらぶために、ひとまず対象との結びつきを断ち切ったのである。

凝念

これまでの五つの階梯において準備が終り、第六のこの階梯から本格的なヨーガの瞑想法がはじまる。『ヨーガ・スートラ』(三・一)は、凝念をつぎのように定義する。

凝念（ダーラナー）とは、心を［特定の］場に結びつけることである。

「ダーラナー」とは、しっかりとたもつことであり、ここでは心を凝固させるかのようにたもつことを意味する。ある場に結びつけることにより心を不動にすることが特徴的だ。第五の階梯において対象からひきはなされた心は、ここで精神集中のための場をえらぶ。念を凝《こ》らすには、念ずる場が必要だからだ。

ヴィヤーサの註釈書によれば、その場とは、臍《へそ》、心臓、鼻先、舌先など身体の一部や外界のものである。「外界のもの」とは、たとえば花とかヴィシュヌ神のすがたである。

対象を心に結びつけておくには意（マナス）――意志作用と思考作用をつかさどる器官――の強靱《きょうじん》さが必要であるが、それはすでに第五の階梯において養われている。意には志向作用があるが、その志向作用を集中させることによって心を対象に結びつけるのである。

この階梯を終えるには長い時間を要しない。というのは、この階梯の目的は、心を特定の場に結びつけることであり、場（対象）に結びつけられた心はすぐにその対象に関してさまざまな側面から考察をはじめるからだ。そのときには行者は、すでに第七の階梯の静慮へと進んでいる。

先述のように、第六から第八までの階梯はひとつづきのものであり、そのあいだに明確な区別をもうけることはむずかしい。

静慮

特定の場（対象）に結びつけられた心に生じた想念（プラトヤヤ）が、この階梯においてはひとすじに伸びていく。『ヨーガ・スートラ』（三・二）はいう。

静慮とは、そこ［選ばれた場］において想念がひとすじに伸びることである。

心を場（対象）に結びつけたとき、心のなかにどのようなイメージが浮かぶかについては、『ヨーガ・スートラ』は何ものべていないが、『ヴィシュヌ・プラーナ』（六・七・七七〜八五）には、ヴィシュヌ神のすがたに心を結びつけ、そこにおいてさまざまな想念を伸ばしていく場面がのべられている。

彼の顔はおだやかで、目は蓮華《れんげ》の花弁に似ている。頬《ほお》は美しく、広い額《ひたい》はかがやいている。チャーミングな耳飾りは左右そろった大きさの耳たぶにつけられ、首にはホラ貝のような三本の筋がくっきりと入っている。……彼には八本あるいは四本の長い腕があり、両脚も均整がとれている。……彼はブラフマン神のように黄色の衣をまとい、宝冠をつけ、腕輪をはめている。

このようにしてヴィシュヌ神という場における想念はかぎりなく拡がっていく。凝念が心を対象に結びつけるという意味で集中的であるのにくらべて、静慮は拡大的である。

この階梯において行者の心は対象にかかわっているが、対象の特質によって、自らの心の清明さがうしなわれることはない。心の状態はあくまで平静であり、想念を鮮明にするために身体を硬直させることもない。あくまで細く、だがたしかな自己透徹性がつづいており、行者はしずかな明晰さのなかで対象の世界を光で照らしていくのである。

えらばれた対象に対する想念がどこまでも伸展していくある時点で、行者は自分がそれまでとは異なった次元にいるのを見出す。つまり、これまでは自分が対象に対して想念を考えていたが、自分の心はもはや、対象について考える必要がなくなる。「心が対象そのものなのだ」。静慮では行者の心が対象を「照らし」ていたが、この第八の階梯三昧では、対象が新鮮なすがたで行者に「入って」くる。行者はもはや対象を「見て」いない。

さまざまな角度から「見られた」ヴィシュヌ神のイメージは、いまやたんなるイメージではなく、行者にとっては現実のものとして「前に立つ」。いや「前に」ということも正しくない。ヴィシュヌ神が行者なのである。

『ヨーガ・スートラ』（三・三）はこの第八の階梯をつぎのように定義している。

　それ（静慮）が対象のみとなってあらわれ、自体が空になったかのような状態が三昧である。

われわれが対象を見るときには、一般に「自分はこれを見ている」という意識があるが、三昧においては「見ている」という意識はない。「自体が空になったかのような」とは、対象に心をうばわれ、忘我の状態にあることをいっているのではない。その逆であって、心は対象のすべてを自らのなかに満たした結果、心自体は「空になった」かのような状態にあるのである。

心が完全に機能しているゆえに、心はそれ以上を求めないのだ。水晶に花の赤さがうつって水晶全体が赤くなったとき、水晶——すなわち心——は「対象となってあらわれ」、それ自体にはもはや透明な部分は残っていないのである。

この階梯にあっても、行者の心は平静そのものであり、呼吸はあくまで「細く長く」、精神のたかぶりはない。だが、行者の心——すでに「心」ではないのだが——は対象の活動そのままをうつしている。色はあくまであざやかに、香りは強くつらぬき、音はすんでひびきわたる。そこにはそれまで知ることのなかった「新しい世界」がある。

三昧においてあらわれる世界はけっして暗く沈んだ「死の世界」ではない。身体を不動にし、ことばも話さず、感覚器官もすくなくとも通常のようにははたらかせることなく、「いきいきとした世界」が経験できるのである。

以上が「八階梯のヨーガ（八支ヨーガ）」であるが、これはまだヨーガの前半にすぎない。すなわち、この八つの階梯においては、「心の作用の統御（止滅）」はまだ不完全だからだ。三昧において心の作用は統御されているが、それはまだ対象のイメージが「生きている」世界である。『ヨーガ・スートラ』が最終的にめざす境地は、イメージもなくなって心の作用が完全に止滅した世界である。

4　有種子三昧と無種子三昧

真智の発見

第八階梯の三昧では、行者の心に対象が存するという意味で「種子のある三昧（有《う》種子《しゅし》三昧）」といわれる。行者は有種子三昧をえたあとで対象をもたない「無種子三昧」に進まねばならない。『ヨーガ・スートラ』（三・八）は、八階梯のヨーガが無種子三昧の「外的部門」すなわち前段階にすぎないと明言している。

第八の階梯を幾度も習修して、いつでも三昧の状態に入ることのできるようになったものには真智（プラジュニャー）がかがやきでる。これは「内面的なプラサーダ（清らかな静寂）である」（一・四七）。この真智も対象を有するのであるが、「その対象は特殊な個（ヴィシェーシャ）であり、ことばや推理の対象とは異なっている」

(一・四九)。

第六から第八までの階梯では、行者の心のなかにはまだことばがあった。第八の階梯では、行者は対象を日常世界におけるようには見ていないのではあるが、それでもことば、あるいは概念と結びついたイメージがあった。そしてこの「総制」とよばれるひとつづきの三階梯を終えるためには、かなりの持続する時間が必要であった。

しかし、いまやことばとは結びつかない直観智が生ずる。「これは〔　〕である」という考えをある対象に対してもてば、その認識はすでにことばと結びついている。ことばと結びつけるというのは、普遍を対象にすることである。たとえば、「これは花だ」という場合には、すべての花に共通する「花性（花たること）」という普遍を考えておいて、いま見ているものに花性が存するから「それが花である」と判断するのである。

だが、いまここで生じてくる真智は、ことばによって「これである」ととらえられない個を対象とする。したがって、この智はことばともイメージとも結びつかず、しかも瞬間的である。総制におけるいきいきとしたイメージの世界は、この段階において反転され、イメージもことばをも超えた世界に入っていく。

もっともこの段階でもなお特殊な個という対象を有しているが、真智が第八の階梯よりもなおいっそう、ヨーガの最終段階——心作用の完全な止滅——に近づいていることは、容易に理解できる。

この真智から生ずる行（残存印象）はほかの行が生ずることをさまたげる（一・五〇）。したがって、この段階では新しい業や煩悩がふたたび生ずることはない。業が生ずるには、業の行が必要だからだ。真智から生じた行は、また真智を生むのみである。煩悩と業をはなれた心は、グナとの結合をもはやもたず、霊我と対面する。

無種子三昧

「ヨーガの哲学」の概略をのべる『ヨーガ・スートラ』第一章の最後（一・五一）には無種子三昧がつぎのようにのべられている。

それ（真智）をも止滅させたとき、すべて［の心作用］が止滅するゆえに、無種子三昧が生ずる。

イメージの世界もなく、個を対象とした直観智をも止めよと『ヨーガ・スートラ』は命ずる。炎の消えたロウソクの芯に残っていたわずかな火のような直観智も消えたとき、すべての心作用が止滅する。そこに対象のない三昧が生ずる。それは何も考えないとか、気絶するとか、忘我状態に入るとかいうようなことでは、けっしてない。あくまで「意志」による実践なのだ。対象をイメージやことばでとらえることなく、直観智さえない「三昧」とは、いったい何か。

そもそも「三昧」とは「心をすませ対象へとおくこと」だ。すべての心の作用をなくして、どうして「三昧」という実践が可能なのか。われわれはここで「ヨーガの哲学」の最大の問題に直面する。それはヨーガのみではない。大乗仏教の空の思想の問題でもあり、バラモン正統派のヴェーダーンタ哲学の問題でもある。ようするに、インドが求めた実在は、ことばを超えているということだ。ことばを超えているということをことばで説明する方法が、それぞれの学派によって異なるにすぎないのである。

個を対象とする直観智をも止めてしまう三昧、それは眼から光をうばい、耳から声をうばい、身をさくような――しかもあくまですんだ、しずかなやりかたの――波動にちがいない。それは一瞬にして人為――原質のはたらき――を焼く「火」なのだ。「俗なる」時間が「聖なる」永遠によって焼かれるのである。

この一瞬は、その後のヨーガ行者の全存在を変える。行者はかの三昧の瞬間を自分に許された「恵み」として、終生忘れることはないのである。

『ヨーガ・スートラ』その後

『ヨーガ・スートラ』は、バラモン正統派に組み入れられたヨーガの一つのかたちであるが、このかたちは「ラージャ・ヨーガ（王のヨーガ）」とよばれて、今日も生きている。バラモン正統派のなかでは、これ以外にもさまざまなかたちのヨーガが生まれた。

『ヨーガ・スートラ』は、無種子三昧を究極的なものと位置づけているが、有種子三昧に力点をよりいっそう力強くおいたヨーガも生まれた。

そうしたヨーガではイメージが重要なはたらきをすることになる。ヨーガのなかでイメージに力点を置くか否かは、バラモン正統派のヨーガにおけるのみではなく、仏教におけるヨーガにおいても重要なことである。それはたんにヨーガの種類のちがいというよりも、なおより深い思想の根本問題にふれているのである。

われわれはつぎの章において『ヨーガ・スートラ』よりはイメージに力点を置くタイプのヨーガを見ることにしよう。

第四章　ハタ・ヨーガの行法

1　ハタ・ヨーガの伝統

インド六派哲学とヨーガ

紀元二～五世紀はインド六派哲学の成立期であった。「六派」とは論理学のニヤーヤ学派、自然哲学のヴァイシェーシカ、古典ヨーガ学派、サーンキヤ学派、ヴェーダ祭式をシステム化しようとしたミーマーンサー学派、およびブラフマンとアートマンの合一を体系化しようとしたヴェーダーンタ学派である。『ヨーガ・スートラ』はこうした六派哲学のなかの一派の根本経典であった。

紀元五世紀以後の数世紀間は、インド六派哲学が理論を展開させ、とくにそれぞれの立場からの世界観を構築させた時代であった。論理学、認識論、自然哲学などの発展にはめざましいものがある。これはこの時代の人々が世界について以前よりもよりいっそう強い関心をしめしたことを意味している。

グプタ王朝(四〜六世紀)下ではヒンドゥー教の力が仏教のそれをしのぎ、カースト(ヴァルナ)制度が社会の枠組《わくぐみ》として作用するようになった。美術、工芸、数学、天文学などが発達し、哲学者たちもまた社会のなかの具体的なことがらにかかわらざるをえなくなった。世界の具体的な構造が問題となったのである。

このような社会的変化は当然、ヨーガの行法《ぎょうほう》にも影響をあたえることになった。つまり、行者は自らの心の作用の統御《とうぎょ》にかかわるのみではなくて、自分の住む世界の構造にたいしても関心をはらわざるをえなくなった。

古典ヨーガはヨーガの原型として今日にも残ってはいるが、新しいテーマとして登場してきた「世界の構造」は新しいかたちのヨーガのなかで追求されることになった。この新しいヨーガは、十二、三世紀以降、「ハタ・ヨーガ」とよばれる体系にまとめられた。

ハタ・ヨーガは「世界の構造」に積極的にかかわるので、この行法においては古典ヨーガよりもイメージが重要な役割を果たすことになる。イメージを鮮明にするために、心の作用の止滅《しめつ》というよりむしろ活性化をはかることによって、「心の作用の統御」をめざし、古典ヨーガよりもいっそう精神生理学的、肉体的な修練に重点をおく。

しかしながら、この二つのタイプのヨーガが生まれたことは、インドの宗教にとって必然であったとわたしは思う。というのは、古典ヨーガとハタ・ヨーガとは、それぞれ宗教実践には不可欠な側面を代表しているからだ。

古典ヨーガは、「俗なるもの（心の作用）」の否定を、ハタ・ヨーガは、「聖なるもの」による「俗なるもの（心の作用、世界）」の「聖化」をめざすからである。「俗なるもの」の否定により、「聖なるもの」が顕現し、「聖なるもの」の力により「俗なるもの」が「聖化」されるという構図は、ヨーガにおいて――さらには宗教一般において――見られるのである。

『ゴーラクシャ・シャタカ』

それでは、まず、ハタ・ヨーガの歴史を概観することにしよう。

この種のヨーガは、八、九世紀から徐々に形成されていたが、十三世紀のゴーラクナート（あるいは、ゴーラクシャ）によって大成された。

彼は北インドおよびネパールで活躍し、シヴァ派に属するゴーラクナーティーという一派をひらいた。彼は『ハタ・ヨーガ』と『ゴーラクシャ・シャタカ（ゴーラクシャによる一〇〇頌《じゅ》）』をあらわしたと伝えられるが、前者は残っていない。後者はわずか一〇〇頌――正確には一〇一頌――の小品であるが、ハタ・ヨーガのシステムを簡潔にまとめている。

ゴーラクナートにしたがうものたち（ゴーラクナーティー）は、しばしばカーンファタとよばれる。これは彼らの耳の軟骨が、耳飾りをはさみこむために切られていることによる。

「ナート」とは「導師《どうし》」「主」を意味するが、ゴーラクナートのような超能力をえた行者を指す呼称である。彼らはしばしば呪術者であり、ときにはシャーマニズムの要素ももっていた。十一、二世紀以降のインドでは、「ナート」とよばれる行者たちにたいする崇拝（ナート崇拝）がさかんで、東インドのベンガル、ネパール地方、さらに西インド、たとえばマハーラーシュトラ州にも、この崇拝形態はひろがっていた。

ゴーラクナートの伝統はナート崇拝の隆盛にのって普及し、いっぽうでこの崇拝を強めるはたらきをした。マハーラーシュトラの聖者ジュニャーネーシュヴァラもこの崇拝の系統にくみ入れられて、ナート崇拝の対象ともなった。

『ハタ・ヨーガ・プラディーピカー』

ゴーラクナートが大成したと伝えられるハタ・ヨーガの行法を説明した著作もその

後、いくつか残されている。たとえば、『ゴーラクシャ・シャタカ』からかなりときをへた十六世紀（あるいは十七世紀）に、スヴァートマーラーマが『ハタ・ヨーガ・プラディーピカー』をあらわし、ハタ・ヨーガを体系的に説明した。さらに、この後、ゲーランダによるハタ・ヨーガの解説書『ゲーランダ・サンヒター』があらわされた。ハタ・ヨーガの解説書としては、この二著がとくに重要である。

構成の不明瞭な『ヨーガ・スートラ』とは異なり、『ハタ・ヨーガ・プラディーピカー』（以下『プラディーピカー』と略する）の内容構成は整然としている。すなわち、

一章　体位法（アーサナ）

二章　調息法（プラーナーヤーマ）

三章　ムドラー（印相）

四章　サマーディ

という四章にわかれており、各章は哲学的背景の説明よりも実際の訓練法とその効用についてのべている。『ゲーランダ・サンヒター』は七章にわかれており、同じよ

うな項目をあつかっているが、重点のおきかたや叙述の順序に、かなりの相違が見られる。

『プラディーピカー』の冒頭にはシヴァ神に対する帰敬偈《ききようげ》が見られる（一・一前半）。これはこの著者がシヴァ派に属する、あるいはそれと近い関係にあることをしめしている。後世、ハタ・ヨーガはシヴァ派の教団、およびヴェーダーンタ哲学と密接な関係をもつことになる。

つづいて『プラディーピカー』は、ハタ・ヨーガはラージャ・ヨーガにいたるための階段のようなものである、という（一・一後半）。ここにいうラージャ・ヨーガとは古典ヨーガのことである。すなわち、ハタ・ヨーガは、自らをパタンジャリのかの精神的な古典ヨーガの前段階であると位置づけているのである。『プラディーピカー』（三・一二五）には、「ラージャ・ヨーガがなければ、どんなに美しい大地（体位）も、夜（保息《クンバカ》――ハタ・ヨーガ的調息法――）も、印相（ムドラー）もかがやかない」とある。

しかしながら、このようなハタ・ヨーガの位置づけはたてまえであり、実際にはハタ・ヨーガの精神生理学的な修練にともなう超能力の獲得が、ヨーガ行者たちの目的とされたことがしばしばあった。

2　ハタ・ヨーガへの準備

托鉢と結庵

ハタ・ヨーガをおこなう場合も、古典ヨーガの場合と同様、ヨーガをおこなうためのもろもろの外的準備が必要である。修行のための条件は、「托鉢をするのが容易で、かつ人気《ひとけ》のないところに庵《いおり》を結び」（一・一二）、庵室の床には牛糞――乾いた牛糞は「聖なるもの」で殺菌作用がある――を塗《ぬ》り、虫がおらず、戸口は小さく、室はひろすぎず、汚れもなく、戸外には井戸やテラスがあり、塀《へい》に取りかこまれているべきである（一・一三）。

『プラディーピカー』はつづいて禁戒《きんかい》（ヤマ）と勧戒《かんかい》（ニヤマ）の各項目をあげている。禁戒は、非暴力、誠実、不盗、梵行――女性と交わらないこと――、忍耐、節食、等々である。勧戒は、苦行（タパス）、満足を知ること、布施、神に供養すること、聖教の聴聞、マントラを唱えること、等々である（一・一六）。禁戒と勧戒をまず実践せねばならぬことは、パタンジャリの『ヨーガ・スートラ』の場合と同様である。

ヨーガ行者の食事

ヨーガは過食によってくずれてしまう（『プラディーピカー』一・一五）。それゆえ、行者は節食にこころがけ、胃の四分の一を空けておき、バターと甘味によって味つけされた食物を取る（一・五八）。からいもの、すっぱいもの、刺激性のもの、塩からいもの、酒、魚、羊肉などの獣肉、にんにくなどはヨーガ行者には不適当な食物である（一・五九〜六〇）。

ヨーガ行者に適する食物は、小麦、大麦、米、生乳、バター、氷砂糖、ほしょうが、きゅうりなどの野菜、豆類などである（一・六二〜六三）。

身体の浄化

インド医学は人間の身体を三つの生理的原理によって説明する。その三つとは、体内をかけめぐるエネルギーである「風（ヴァータ）」、熱を放射する「胆汁《たんじゅう》（ピッタ）」、および流動性の原理である「粘液（カパ）」である。これら三つが調和していると、人間は健康であり、不調和になると病気になると考えられている。第三の原理である「粘液」が、ほかの原理よりもきわだって勢力のある人は粘液体質となるが、この体質はヨーガのめざす「気（プラーナ）」の流れをさまたげるといわれる。

したがって、粘液体質の人はヨーガの実習に入るまえに「身体を浄化するための作法」をおこない、身体のなかの「気」の道を清掃しなければならない（『プラディーピカー』二・二一）。「ダーウティ」とよばれる作法は、約七センチのはばで約三メートル半の布をすこしずつ咬《か》みながらゆっくりとのみこみ、そのあとでその布を取り出すのである（二・二三）。水を入れた器のなかにその布をひたし、両手でつまみあげながら、初日にはまず二十三センチのみこみ、そのつぎの日ごとに二十三センチをふやすというようにして訓練をする。

胃のなかに納められた布を、腹の筋肉の運動によって適当に動かしたのち、かの器のなかにもどすのである。これによって咳《せき》、喘息《ぜんそく》、ハンセン病などの粘液性過剰から生ずる病気がなくなる、といわれている。ハタ・ヨーガは健康法としての側面ももっている。もっともこの作法の本来の目的は、「気」の通りをよくすることであることはいうまでもない。

「ヴァスティ」とよばれる作法は、腸の洗浄である。臍《へそ》までの深さの水のなかで、肛門に竹をさしこみ、うずくまり、肛門を引きしめて腸のなかに水を吸いこみ、腹の筋肉を動かして腸を洗浄したのち、その水を放出する。この浄化作用によって、脾臓《ひぞう》肥大《だい》、水腫《すいしゅ》など、「身体の三原理」の不調和から生じた病気はなくなるといわれている。「ダーウティ」と「ヴァスティ」の二つは、食前におこなうものである。

「ネーティ」は鼻孔の浄化作法である。ひもを一方の鼻孔から口腔に出し、鼻の外に残っているひもの端と口から出てきたひもの端とをもってしずかにしごくのである。他方の鼻孔からも口腔にひもの端を出し、同様にしごいて鼻孔を洗浄する。また、一方の鼻孔からひもを入れて他方の鼻孔にそのひもの端を出す方法もある。この作法は「頭のなかを清める」(二・三〇)といわれる。

ほかには「ナーウリ」という腹部の浄化作法が重要である。これは肩をまえに出すようにしてまえかがみになり両脚をややひらき、腹部の筋肉を円を描くように激しく動かすのである。外から見るならばナーウリを実習している人の腹部は、左右交互に極端にへこむ。この作法は腹部の筋肉を強くし、消化を助けるといわれる。

このような浄化作法は、ヨーガを実習しない人々の眼にとっては、曲芸のようにうつるかもしれない。これらの実践法が、しばしば見せもののようにあつかわれるのは残念なことだ。インド医学と結びつき、千年以上もの歴史をもつこれらの作法は、師の指導のもとに正しくおこなわれるならば、ある種の健康法として意味のあることであろう。しかし、これらの作法は、それらがどれほどあざやかにおこなわれようとも、あくまでヨーガのための準備にほかならない。

3　体位法（アーサナ）

坐る意味

以上のような準備を終えたのち、行者は行法の第三階梯である体位法（アーサナ）を学ぶ。「アーサナ」とは、「アース ās」すなわち「坐る」という意味の動詞語根からつくられたことばであり、古典ヨーガでは「坐法」と訳されていたが、ハタ・ヨーガではたんに足の組みかた（坐りかた）よりも身体全体がどのようなかっこうとなるかが問題となるので、「体位」あるいは「体位法」と訳したほうがよいであろう。

体位法は後世には八十四を数えるが、そのなかで、

一、シッダ（成就坐）
二、パドマ（蓮華坐）
三、シンハ（獅子坐）
四、バドラ（吉祥坐）

の四つが重要である（一・三四）。

第一のシッダ体位とは、左足の踵《かかと》を会陰部《えいんぶ》（ヨーニ、すなわち陰嚢《いんのう》のうしろ）にあてて、右足の踵を性器の上におくものである。その際、顎《あご》は胸にしっかりと引きつけ、感覚器官を統御し、眉間《みけん》を見つめる（一・三五）。この体位が古典ヨーガの坐法と異なったものであることはあきらかだ。つまり、両足の踵が性器を刺激するようにおかれているのである。

二つの踵が会陰部とペニスとにあてがわれる、というのは『ゲーランダ・サンヒター』（二・七）や『ゴーラクシャ・シャタカ』（一・一一）においても同様である。もっとも「性器の上に」とあっても、性器を足の重みで圧迫するのではなく、右足は左の腿《もも》の上におかれ、楽な状態になくてはならない。ちなみに、このシッダ体位法は、性的能力の開発に役立つのではなくて、その逆に、妻帯者が長時間おこなうことは勧められないといわれているものである。

ともあれ、ハタ・ヨーガでは、あとで見るように、身体にいくつかのエネルギー・センターを考えており——会陰とか男根とかは、そのエネルギー・センターに相当する——そのセンターを踵で、あるいはそこに「気」をふりむけることによって、刺激するように工夫されている。

シッダ体位に坐るヨーガ行者の体位は、図2に見るように、全体が頂点を上にした三角形をしており、そのなかに逆三角形が組みこまれていると見ることができる。頂点を上にした三角形と下にした三角形との組み合わせは、「ダビデの星」として知られている。シッダ体位も不完全ではあるが、その印のかたちをしている。

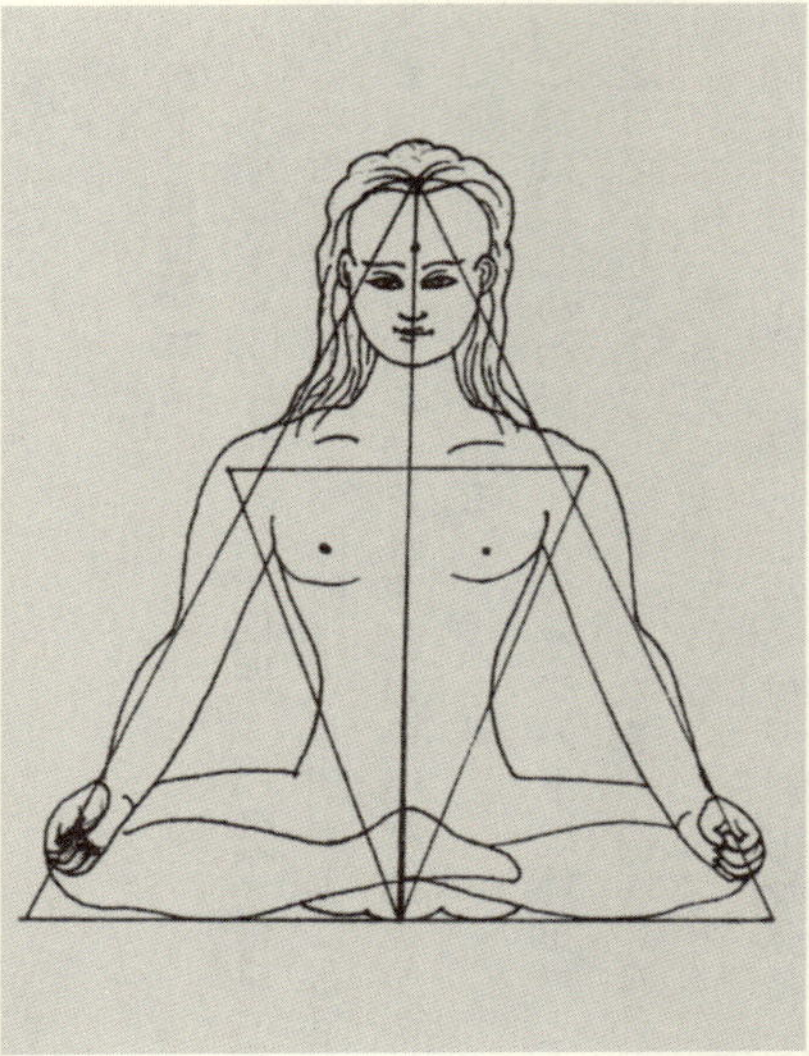

図2　シッダ体位

これは相異なる性質をもつ二つの原理――たとえば、男性原理と女性原理――の融合をしめしている。

頂点を上にした三角形は安定しており、頂点を下にした三角形は不安定である。ハタ・ヨーガは、その不安定な三角形の頂点から、安定した三角形の頂点にむかって「気（生命エネルギー）」を引きあげる修練なのである。

パドマ体位第一

『プラディーピカー』(一・四四〜四九)には三種のパドマ体位(蓮華坐)がのべられている。第一のパドマ体位は、左腿の上に右足をおき、右腿の上に左足をおき、背後からまわした両手でそれぞれの足の親指をつかみ、顎を引き、うつむきかげんになって鼻のさきを見つめる。

これは「しめつけた(バッダ)パドマ体位」ともよばれ、かなり長期間の訓練を必要とする体位である。このようなきゅうくつな体位は、古典ヨーガにはない。ここでは「息」は「おさえこまれている」。

図3に見るように、「しめつけたパドマ体位」では、シッダ体位におけると同様「ダビデの星」が見られるが、そのなかの頂点を下にした三角形がより顕著で、ポーズ全体のもつ不安定さは増し、体位全体の中心がシッダ体位におけるよりも上方にうつっている。

これは「しめつけること」によって「気」が下方に流れていくのをふせぎ、「気」を上方に引きあげているすがたである。

パドマ体位第二

パドマ体位の第二とは、足の裏を上にむけ、交差させた両足を腿の上におき、交差した足首の上に両手の掌《てのひら》を上むきにかさね、鼻さきを見つめ、舌先を門歯《もんし》の根元につけ、顎を胸部に引く、というものである（図4）。

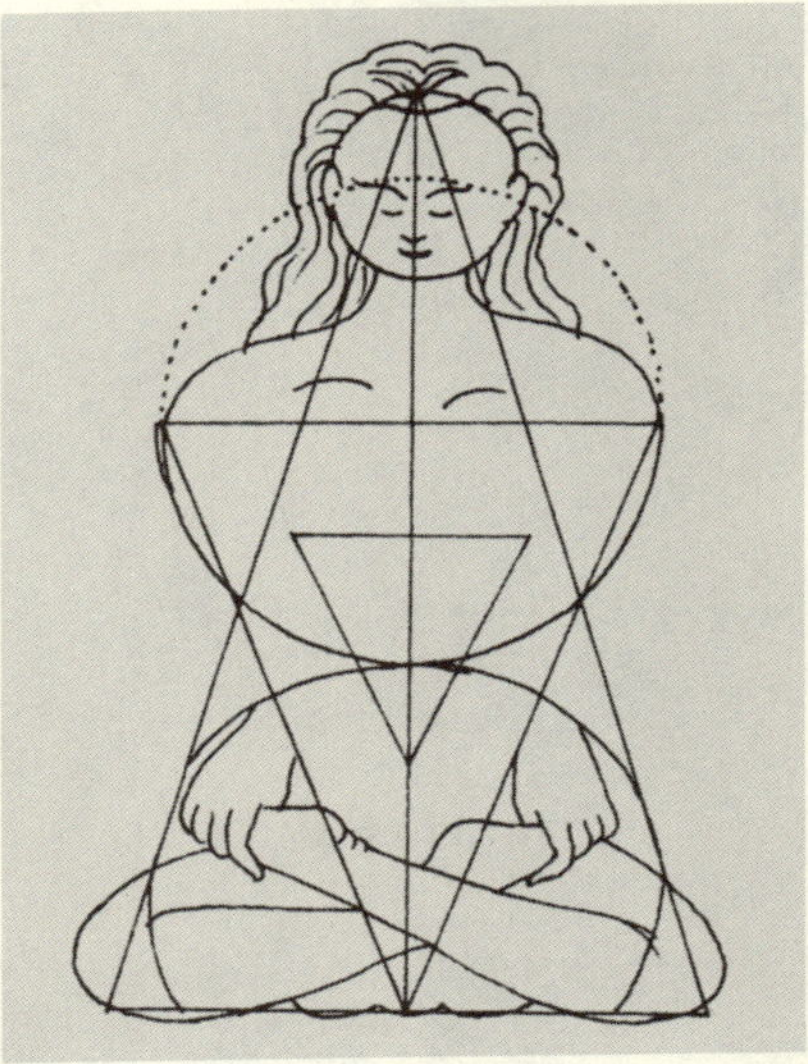

図3　パドマ体位　第一
［しめつけたパドマ体位］

このポーズは、古典ヨーガにおいてもちいられたものに近く、阿弥陀仏《あみだぶつ》が定印《じょういん》を結んだすがたにも似ている（図5）。

もっともこの第二のパドマ体位においても、肛門をすぼめあげることによって「気」を引きあげることに重点がおかれている。

図４　パドマ体位　第二

図５　定印を結んだ阿弥陀仏

パドマ体位第三

第三のパドマ体位は第二のそれに似ているが、第三の場合にはよりいっそう固く体位を組むために「しめつけ」が強くなっている。「しめつけ」は身体における「気」の流れを支配するための準備である。この体位では、足から臍までのあいだではたらく「アパーナ」とよばれる「気」と、鼻頭から心臓までのあいだではたらく「プラーナ」とよばれる「気」とを合流させるという目的がある。

この合流によってこれまでヨーガ行者の身体に眠っていた「力」（シャクティ）―がめざめるのである。ハタ・ヨーガのめざすところはこの「力」を発動させ、さらにそれを支配することにある。

シンハ体位

第三番のシンハ体位では、肛門の下に左右の踝《くるぶし》を交差させ、掌をそれぞれの側の膝《ひざ》におき、指をひろげ、口を大きくあけ、舌を外に出し、鼻先を凝視する（『プラディーピカー』一・五〇～五一）。両手を膝におき、口をあけたすがたが獅子《シンハ》に似ているところから、このように名づけられたのであろう。この体位での呼息は口でおこなう。この体位はとくに、脊柱の基部にあるエネルギー・センターを刺激する効果がある。

バドラ体位

第四番のバドラ体位とは、両方の踝を陰嚢の下、会陰部の両側につけ、両足の裏をあわせて、両手で足指をつかんでしめつける、というものである。この体位も第三番目の場合と同様、脊柱の基部のエネルギー・センターを刺激する。ここには蛇のすがたの女神《シャクティ》が眠っており、ヨーガの行法によって刺激をあたえるとその女神は、逆三角形の頂点から上方にむかって動き出すのである。ハタ・ヨーガの根本は、この女神を上に引きあげることにある。そうすれば、「気」もまた上方にのぼり、ブラフマンの光のなかに溶け入るのである。

体位は、古典ヨーガ同様、ハタ・ヨーガにおいても行法の初期的な段階にすぎない。さまざまな体位を習得したのち、ヨーガ行者は調息法とムドラー（印相）によって「気」を支配しなければならない。

これら二つの行法は複雑で、これを理解するためには、ハタ・ヨーガの体系が考え出したいくつかのしかけを知らねばならない。しかけの核心は、「微細な身体」とよばれる想像上の身体である。

4　五大元素と「微細な身体」

身体のシンボリズム

『プラディーピカー』は体位法の説明をおえると、ハタ・ヨーガの実質的行法である調息法およびムドラー（印相）の説明に入る。しかし、これらの行法の説明を理解するためには、ハタ・ヨーガに特有なさまざまなシンボリズムを知らなければならない。ハタ・ヨーガの行法は、そのシンボリズムの機構をはたらかせて「気」の上昇をうながし、その結果、ブラフマン——シヴァと同一視されている——との合一という、精神的至福を求めるシステムであるからだ。ハタ・ヨーガのシンボリズムは、行者にとっての直接的対象である身体のシンボリズムと、宇宙のシンボリズムとからなりたっている。われわれはまず身体のシンボリズムを見ることにしよう。

身体のメカニズムは途方もなく複雑である。古典ヨーガの行者と同様、心の作用の統御をおこなおうとするハタ・ヨーガの行者は、この複雑きわまりない身体のメカニズムを、一つのモデルによって理解しようとした。

ハタ・ヨーガにおいては、現実の身体は粗大な身体とよばれ、身体を理解するために考えた身体モデルは「微細な身体」とよばれている。ヨーガのさまざまな操作は現実の身体にはたらき、その結果もこの生身の身体におこるのであるが、ヨーガ行者がおこなうべきそれぞれの行法は「微細な身体」の地図の上で指示されている。

つまり、この「身体」に、ヨーガにおけるエネルギーの運行図が描かれている。ヨーガ行者は、「微細な身体」にしめされたチャートにしたがって航行をつづけるのである。

「微細な身体」は目に見えず、実際に触れたりすることもできないが、ひろさあるいは大きさをもっている。つまり、われわれの身体と同じ形、同じ大きさをもつものではあるが、目には見えないし、さわることもできないものである。

身体と五大元素

地、水、火、風、空という五大元素によってこの世界が構成されているというのは、インド古来の一般的理解である。ハタ・ヨーガにおいては、身体は五つの元素に対応する部分からなりたっている。足から膝にいたるまでの部分は地の要素に対応し、膝から肛門までの部分は水の要素、その上から心臓までの部分は火の要素、その上から眉間までの部分は風の要素、その上から頭頂までの部分は空（エーテル）の要素にそれぞれ対応している。

地、水、火、風、空という順序は、それぞれの元素の「重さ」の順になっている。つまり、地がもっとも重く、その上に存する水は地より軽い。もっとも上にはもっとも「軽い」空が存在する。このようにして下にいくほど重いものを配して、安定した感じをあたえるような配置になっている。

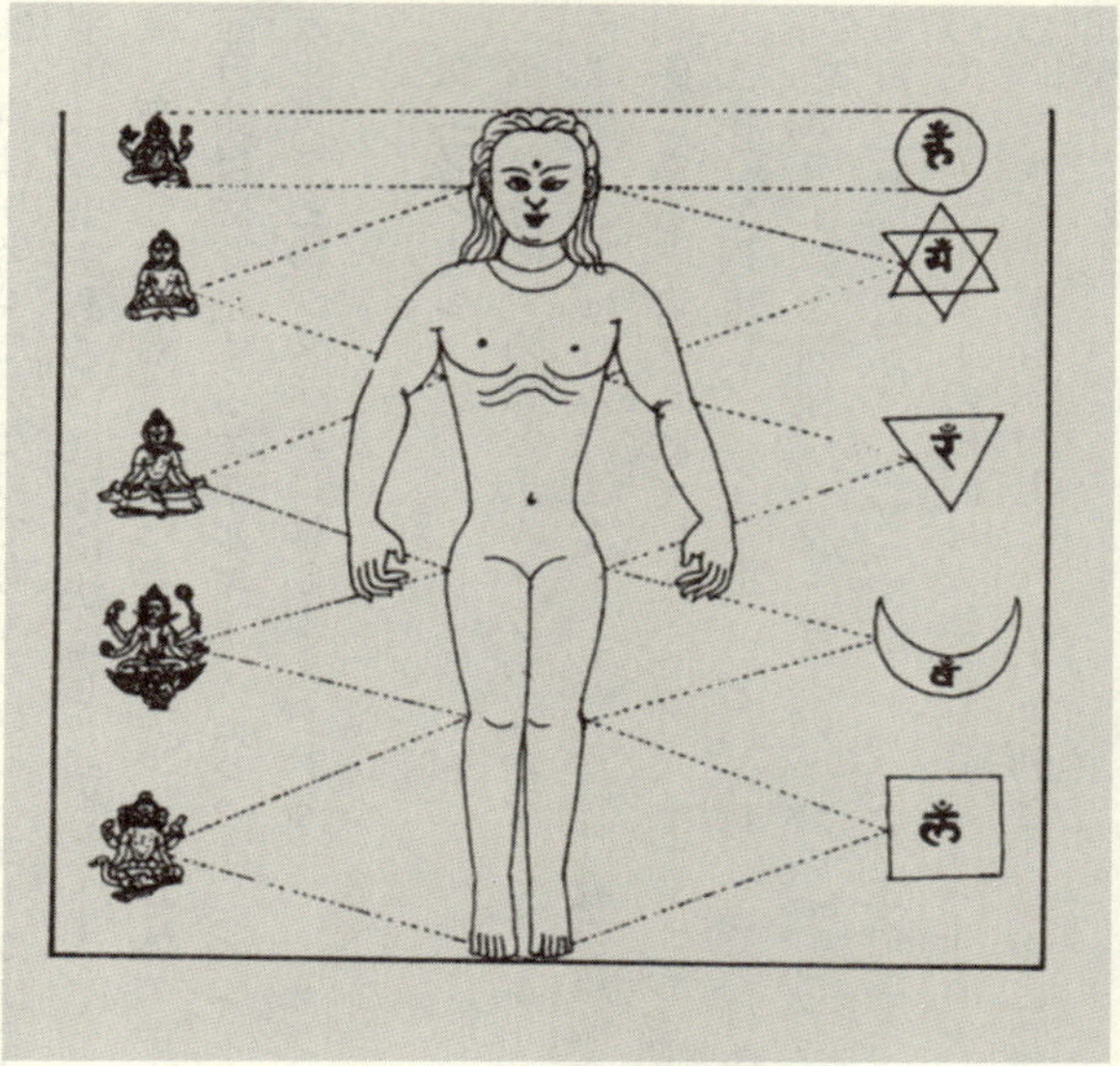

図６　ハタ・ヨーガの身体構造モデル

五大元素はそれぞれ特有の象徴をもっており、地は四角、水は三日月、火は三角（頂点を上にする場合と下にする場合とがある）、風は「ダビデの星」、空は円によって象徴される。

したがって、ハタ・ヨーガにとって身体は、図６に見るように、下から四角、三日月、三角、ダビデの星、円の積み上がったものである。このようにして「微細な身体」の初期的な構造モデルができあがる。

ヨーガ行者の身体モデル

は、やはり坐ったかたちで考えられる。ヨーガによって身体のエネルギーが巡行する宇宙は、坐法あるいは体位法にしたがって坐った身体だからである。地、水、火、風、空の五大元素でできた身体モデルは、身体の中央を走る脈（ナーディー）とその節目節目に存在するエネルギー・センター（チャクラ）、およびそこを流れる気（プラーナ）とのシステムに移しかえられる。

気（プラーナ）

「微細な身体」の脈とチャクラのなかをエネルギーが流れる。このエネルギーは「プラーナ」とよばれる。「プラーナ」とは呼吸を意味するが、呼息と生命とは古来近い関係にあると考えられていた。「プラーニン」つまり「プラーナを有するもの」とは生きものを意味し、「プラーナ」という語の複数は生命を意味した。

古典ヨーガと同様、ハタ・ヨーガにおいてもプラーナ「息（気）」の役割は重要である。「微細な身体」はプラーナ、つまり生命エネルギーの循環システムである。この生命エネルギーの根源は人体の基底部、つまり大地の要素でできた部分にあり、そのエネルギーが身体の上にむかって動き、最後に頭頂に達すると精神的な至福がえられるのである。

古典ヨーガにおいては、心をはたらかせないために、気の運動をおさえぎみにするが、ハタ・ヨーガにあっては気の流動こそが重要である。ハタ・ヨーガの修練のほとんどの部分は、「プラーナの循環」を、つまり「気行」をよくすることをめざしている。

「気」は「微細な身体」のなかにはりめぐらされた脈（ナーディー）のなかを走りぬける。したがって理想的な「気行」を実現するためには、脈の配置を知らねばならない。

脈（ナーディー）

インドの人々は古代から解剖学的な知識をもっていた。ヴェーダを編纂《へんさん》したアーリア人は元来、牧畜民族であったし、ヴェーダにもとづく祭式では動物犠牲が重要な柱であった。ヒンドゥー教では、今日にいたるまで動物犠牲はつづいており、十九世紀までは人身御供《ひとみごくう》もおこなわれていた。

あるウパニシャッドには、胎児の発育過程が細かく記されている。つまり、インド人は、古代から人身の生物学的構造についてはよく知っていたのである。

したがって、気の道としての脈（ナーディー）を、彼らが循環器系統、消化器系

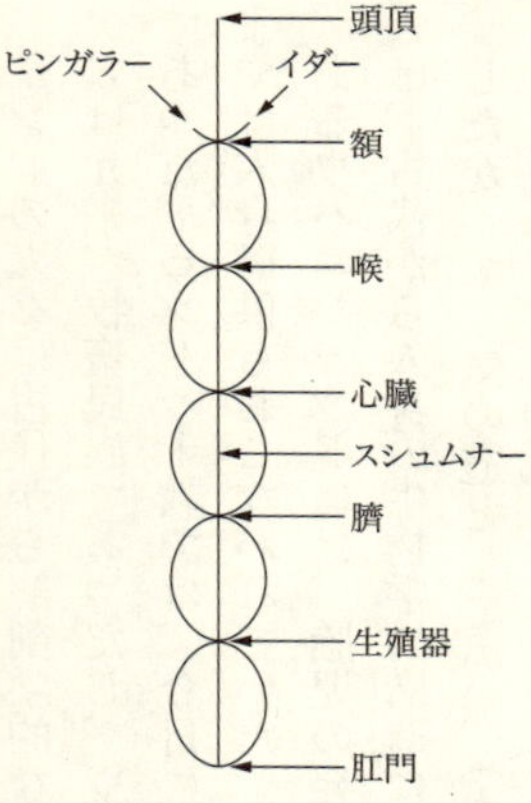

図７　二つの気道

統、あるいは神経系統の「管」――たとえば、血管、食道、神経――と同一視していたことはありえない。「微細な身体」における脈とは、身体にはりめぐらされているいくつかの「管」のすべてを抽象したものである。

一般に脈は七万二千本といわれるが、この途方もない多さは、「粗大な身体（すなわち現実の身体）」のもっている厚みに、そっくりかさなるような「微細な身体」を考えるためであろう。

これらの数多くの脈のなかで、ハタ・ヨーガにとって重要なのは、身体の中央を上下に貫く中脈（スシュムナー）とその左に走るイダー脈、中脈の右を走るピンガラー脈である。イダーは白みがかった黄色で、女性原理をしめし、ピンガラーは赤色で男性原理をしめしている。中脈はダイヤモンド色で、中性である。

中脈と他の二つの脈との関係は一般に図７におけるようにしめされる。つまり、中脈を中心にしてイダーとピンガラーとが平行して左右に走るのではなくて、イダーは左の鼻孔よりはじまり、ピンガラーは右の鼻孔よりはじまり、両者は中脈上で数回交差している。

5　チャクラ

チャクラの位置

「微細な身体」の中脈にそって数個のチャクラが存在する。「チャクラ」とは円盤の意味だが、細い脈の円形にからまったもの（叢）と考えられている。この円盤は生命エネルギーが集結している「エネルギー・センター」なのだが、細い脈がからまっているために、中脈のなかを「気」がよくとおらない。それゆえに、ハタ・ヨーガはこの叢の緊張を解いて中脈のなかに気がよくとおることをめざすのである。

一般には六つのチャクラが考えられており、下から尾骶骨《びていこつ》、生殖器、臍、心臓、喉《のど》、眉間に相応する場所――もちろん「微細な身体」においてである――に存在する。以下、『六つのチャクラの解説』にしたがってチャクラを説明しよう。

「微細な身体」をかたちづくる五つの元素の性質は、これらのチャクラのそれぞれに反映される。つまり、足から膝までの部分を支配していた地の元素は、「微細な身体」の背の「基底部」のチャクラのなかに、膝から肛門までの部分の水の要素は、

「生殖器」のところにあるチャクラに、火の要素は「臍」にあるチャクラに、風の要素は「心臓」にあるチャクラに、空の要素は「喉」にあるチャクラにその性質を反映させ、第六チャクラは五大元素を超えている。

このように五大元素でできた「微細な身体」は、ヨーガのおこなわれる場面ではヨーガ行者の脊柱——つまり「微細な身体」の中脈——を中心とした「微細な身体」のシステムへとうつされる。ヨーガの行法の演じられる実際の舞台は、中脈の上下にならぶチャクラである。

第一チャクラ

最下部にあるチャクラは、「根をささえるもの（ムーラ・アーダーラ）」とよばれる。「ムーラ」は根、「アーダーラ」はささえるものを意味する。このチャクラは「微細な身体」の根である。

チャクラにはそれぞれイメージが定められているが、ムーラ・アーダーラ・チャクラの場合は、図8に見られるように四つの花弁を有する蓮華のなかに地の元素のシンボルである四角があるというイメージで表現される。C・G・ユングによれば、このチャクラはわれわれの日常性をあらわしており、かの四角のなかにあらわれる象は、日常の力（リビドー）のシンボルである。

象の上には頂点を下にした三角形があるが、これは女性性器をかたちどったもので、「世界」の根源がここに存在することを意味している。この三角のなかにリンガがあり、その基部に蛇が巻きついている。この蛇がクンダリニー（あるいはクンダリー）とよばれる女神（シャクティ）である。

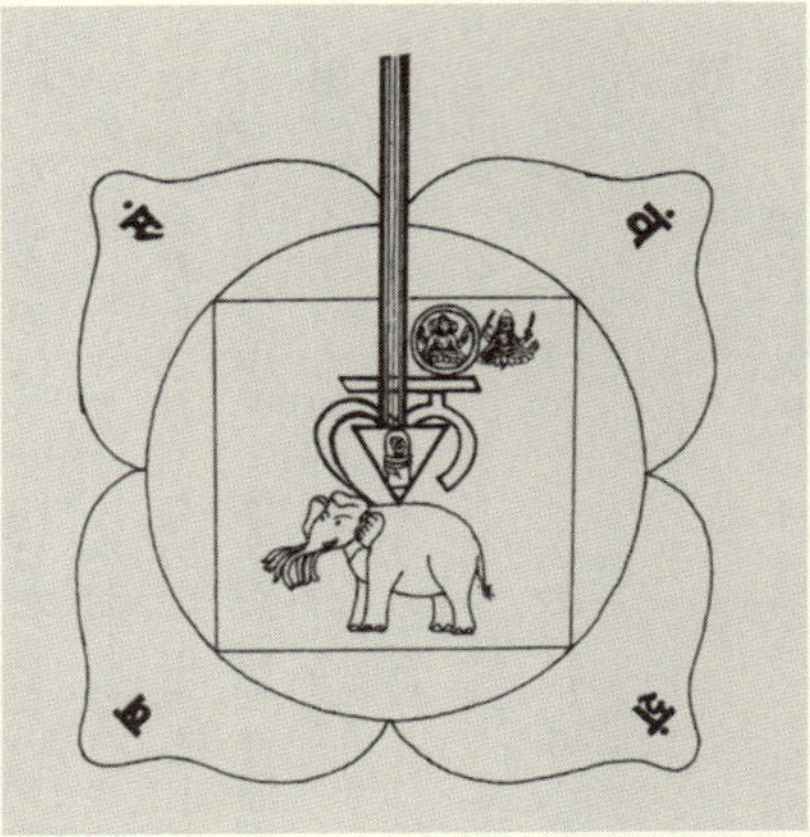

図8　第一チャクラ

このリンガによって表現されるシヴァ神はまだ包芽の状態にある。シヴァ神の「力（シャクティ）」である女神クンダリニーも眠っている。ヨーガの行法のはじめは、第一のチャクラはこのような状態にある。口を下にむけた中脈はここからはじまって上方にむかっている。

ハタ・ヨーガの行者は、蛇のすがたをとって眠っている女神をめざめさせ、毎日の訓練によって彼女を徐々に中脈のなかをのぼらせねばならない。彼女は自身の体によって、中脈に存在するいくつかの節目（チャクラ）をおしひらきつつ、頭頂にいたるのである。女神クンダリニーは、脈をおしひらくための道具としてはたらくいっぽう、ハタ・ヨーガの最終段階において男性原理と一体となる女性原理そのものでもある。

第一チャクラの四角形の右上方に、インドラ神とその妃のすがたが見える。「微細な身体」にならぶチャクラのそれぞれは、ヒンドゥーの神々の座でもある。もっとも下に位置する第一のチャクラには、起源は古いがヒンドゥー教においてそれほどの勢力はないインドラ神――仏教に取り入れられて帝釈天《たいしゃくてん》となった――が配されている。

花弁の文字

蓮華の姿をとる第一チャクラには四つの花弁があり、その花弁それぞれに「ヴァ(va)」、「シャ（śa 反舌音ではない)」、「シャ（ṣa 反舌音の一種)」、「サ（sa)」の文字が刻まれている。サンスクリットのアルファベットには約五十の文字があり、「微細な身体」における六つのチャクラの蓮華の花弁に、これらのアルファベットが配されている。

サンスクリットのアルファベットの一般の数えかたは、母音「ア」からはじまり、

16 母　音(1)
अ a आ ā इ i ई ī उ u ऊ ū ऋ ṛ ॠ ṝ ऌ ḷ ॡ ḹ ए e ऐ ai ओ o औ au ं ṁ ः ḥ

33 子　音					
喉　音…	क ka	ख kha	ग ga	घ gha	ङ ṅa
口蓋音…	च ca	छ cha	ज ja	झ jha	ञ ña
反舌音…	ट ṭa	ठ ṭha	ड ḍa	ढ ḍha	ण ṇa
歯　音…	त ta	थ tha	द da	ध dha	न na
唇　音…	प pa	फ pha	ब ba	भ bha	म ma
半母音…	य ya	र ra	ल la	व va	
歯擦音…	श śa	ष ṣa	स sa		
気　音…	ह ha(2)				

(1)一般に母音の数は14であり，ṁ（アヌスヴァーラ）とḥ（ヴィサルガ）は母音には数えられないが，第5チャクラの花弁の数は16であるために，アヌスヴァーラとヴィサルガとが母音に加えられた。

(2)第6チャクラの花弁に現われるkṣaのサンスクリット文字क्षは，kとṣaとを続けて書いたものであるが，「kṣaの文字である」とはkおよびṣaの文字からの推測は不可能なほどに特異なかたちをしており，kṣaは独立の文字であるかのように扱われてきた。

表1　サンスクリットのアルファベット

子音「カ」をへて、子音「ハ」に終るというものである（表1参照）が、第一チャクラの花弁に刻まれている四文字は、その数えかたでは終りのほうに属する。

チャクラの花弁に刻まれる文字は、第二、第三と上方に行くにつれて、アルファベットの「はじめ」のほう、つまり、母音に近づき、第五のチャクラの花弁には母音が刻まれている。しかし、第六のチャクラでは、アルファベットの一覧の最後すなわち「ハ（ha）」の文字と「クシャ（kṣa 表1註(2)参照）」の文字があらわれる。それまで上昇してきた方向が突如として下降するのである。さらに、第六チャクラの上方の頭頂にあるサハスラーラ（千の花弁の蓮華）では、アルファベットが二十回くりかえされて刻まれている。

このようにして、チャクラの花弁に刻まれた文字は、ヨーガの実践の深化のシンボルであるとともに、その果てにおける身体（小宇宙）と大宇宙との相同性、「聖なるもの」と「俗なるもの」との同化のシンボルともなる。

第二チャクラ

ヨーガによってめざめさせられたクンダリニーが昇るために、第二のスヴァ・アディシュターナ・チャクラの蓮華がひらく。「スヴァ・アディシュターナ」とは「自分の状態」、「本質」を意味する。第二チャクラの本質は「水」である。

　この第二チャクラは生殖器の領域に位置し、六弁の白い蓮華のかたちをしている。それらの花弁には、第一チャクラの場合と同様に、サンスクリットのアルファベットのうち、「バ（ba）」から「ラ（la）」までの文字が刻まれている。チャクラの中央には、水神ヴァルナ Varuṇa の頭文字「ヴァ（va）」があらわれる。実際には「ヴァン（vaṃ）」と記されている。

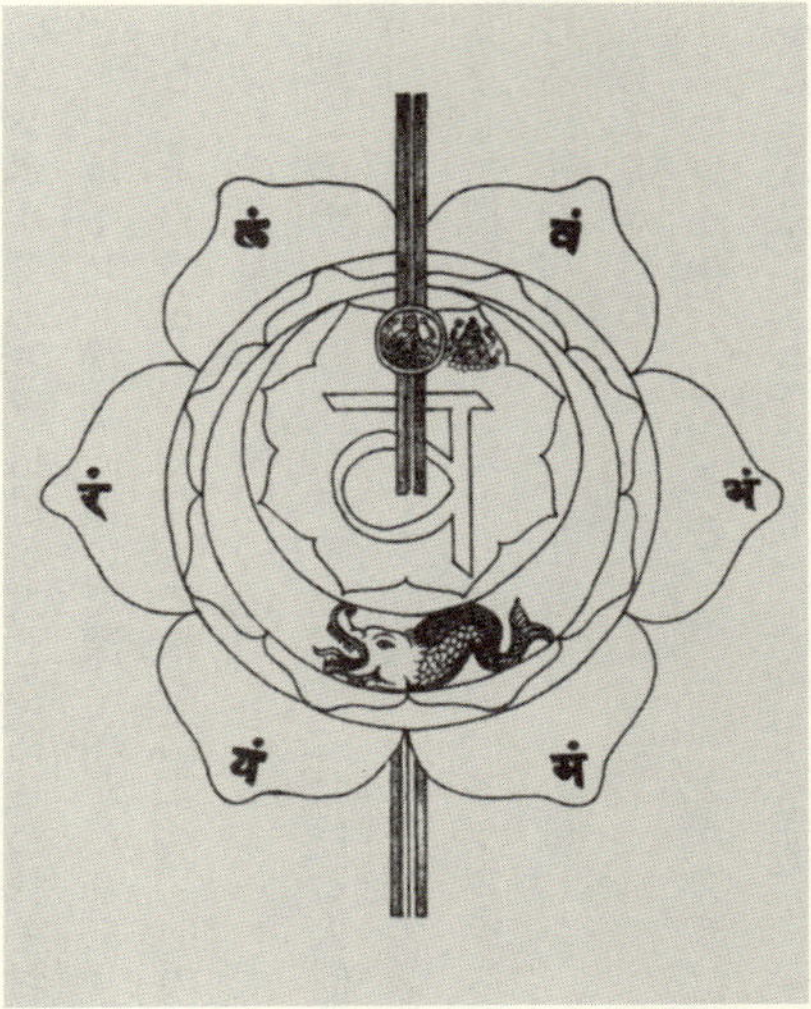

図9　第二チャクラ

種子《しゅじ》「ヴァン」の「ン」にあたる小さな円のなかにガルダ鳥に乗ったヴィシュヌ神が見られる。その左——向かって右——には妃がいる。インドでは右の方が上座であり、「夫」は右に、「妻」は左——向かって右——に描かれるのが一般的である。

　中央の種子「ヴァ（ン）」を囲むようにして、このチャクラのシンボルである三日月が大きくあらわれており、そのなかに海獣マカラがいる。月と水とはインド神話において深くかかわりあう存在である。月の神は夜の間に宇宙を旅し、そのつど新しくなって水を富ませ、その水を樹木にあたえるのである。このチャクラの色（白）は精液の色でもある。

第二のチャクラは、ヨーガ行法における入信儀礼（入門儀礼）にあたる。ある集団の新しいメンバーとして受け入れられる際の儀礼においては、水はしばしば重要な要素として機能する。カトリック教会やプロテスタントの一部では水を頭に三回振りかける洗礼をおこなうし、仏教、あるいはヒンドゥー教の灌頂《かんじょう》（入信儀礼）では水を頭からふりかける。

水には浄化の力がある。第二のチャクラにいたった「気」は、これからつづく「旅」のために自らを浄化させねばならない。「水」によって浄化され、新しく資格をあたえられたもののみが、第三以降のチャクラへと進むことが許されるからだ。

第一のチャクラは、日常の意識世界をしめしていたが、第二のチャクラは、ユングによれば、海獣マカラの住む「海」——無意識の領域——をしめしている。水はあらゆるものをのみこみ、自らの奥深くしまいこんでしまう。われわれの意識活動の「下には」無意識の世界が、あたかも海面下に沈む氷山の部分のように、存在している。

われわれの日常の意識活動は、実際には長年にわたって積みかさねられた無意識の勢い（慣性）によって影響をうけているのである。

ヨーガ行者は日常的意識を支配するのみでは充分ではなく、意識にのぼっていない無意識の世界をも支配しなければならない。クンダリニーの第二チャクラの通過には、そうした意味もこめられている。

第三チャクラ

第三の「マニプーラ・チャクラ（「宝石《マニ》」の「町《プーラ》」のチャクラ）」は、臍のあたり（上腹部叢）にある。十の花弁のある青い蓮華である。それぞれの花弁には「ダ（ḍa）」から「ファ（pha）」にいたるまでの十の文字が刻まれている（表1 123ページ）。蓮華の中央には赤い三角形があり、その上にマハールドラ神（シヴァ神の一つの姿）が雄牛ナンディンに乗っており、その左（むかって右）には青色の妃ラーキニーがいる。

このチャクラは火の元素の性質をもち、赤い三角形は火のすがたである。この三角形は元来は頂点を上にして描かれたと思われる——このほうが火炎のイメージにふさわしい——が、今日では、頂点を下にした三角（逆三角形）——女性原理のシンボル

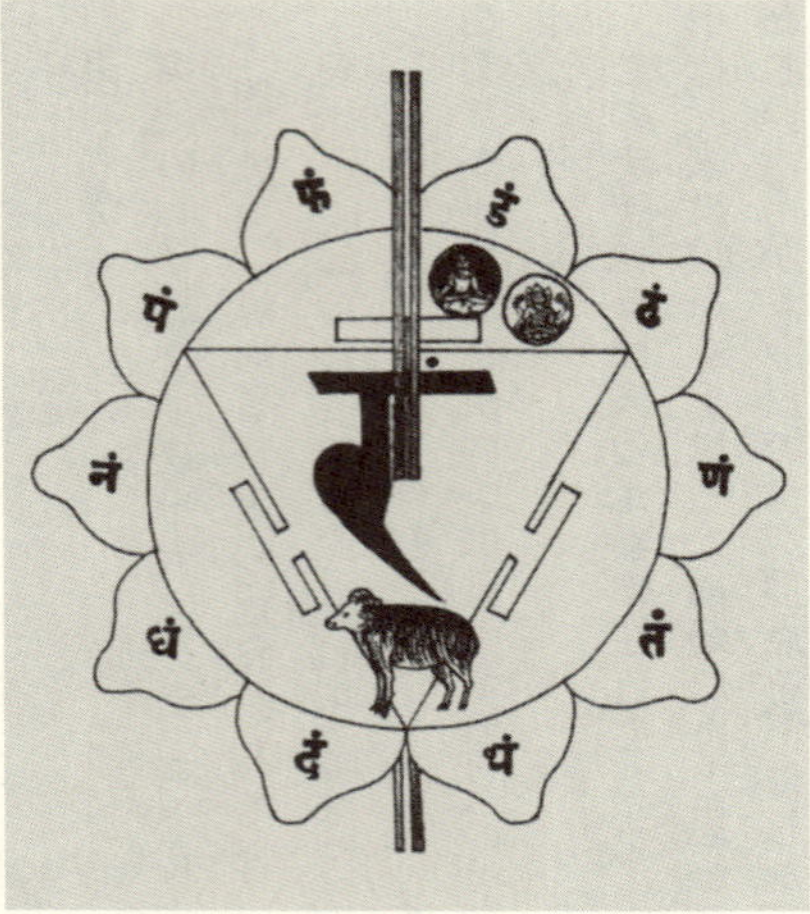

図10　第三チャクラ

——によって表現される。その三角のなかの「ラ（ra）」の文字（山羊に乗っている）は、太陽を意味する「ラヴィ（ravi）」の頭文字である。太陽は火の元素でできており、火は光でもある。

　水をくぐりぬけて入信儀礼を終ったものには太陽があらわれる。「海」の底からよみがえったものは新しい生のなかに入るのである。ユングは、入信儀礼をうけたものが「光」に接することは、古代エジプトのイシスの密儀やカトリックの儀礼にも見られることだという。

　火はしかし、地獄の火でもあり、入信の儀礼をすませたものへの試練をも意味している。水からあがったものはいまや熱で自分をつくりなおさねばならない。クンダリニーをして、第三チャクラを通過させる行為は容易ではない。この試練をへてはじめてヨーガ行者は「聖なるもの」と同化しはじめる。つまり、第一と第二のチャクラにおける領域とは質の異なる領域へと、足を踏み入れるのである。

第四チャクラ

第四チャクラは、「アナーハタ・チャクラ」である。

「アナーハタ」とは、「二つのものが触れることなくして生ぜしめられた音」を意味する。心臓の領域に存在し、赤い蓮華のすがたをとる。十二の金色の花弁には「カ(ka)」から「タ(ṭha)」までの十二の文字がある。チャクラのなかには煙のような色をした「ダビデの星」があり、その中央では金色の三角形がかがやくリンガを囲んでいる(図11)。

このチャクラは風の元素の位置にあり、「ダビデの星」の内部では逆三角形をつつんで風の種子真言「ヤ(ya)」が黒い羚羊《れいよう》に乗っている。足の速い羚羊は「風」の種子を乗せるにふさわしい。

もろもろのチャクラに配されているヒンドゥーのパンテオン(神々の体系)内では、このチャクラはシヴァ神の一つのすがたイーシュヴァラの居場所である。種子真言「ヤ」の右上方にこの神とその妃のすがたが見える。

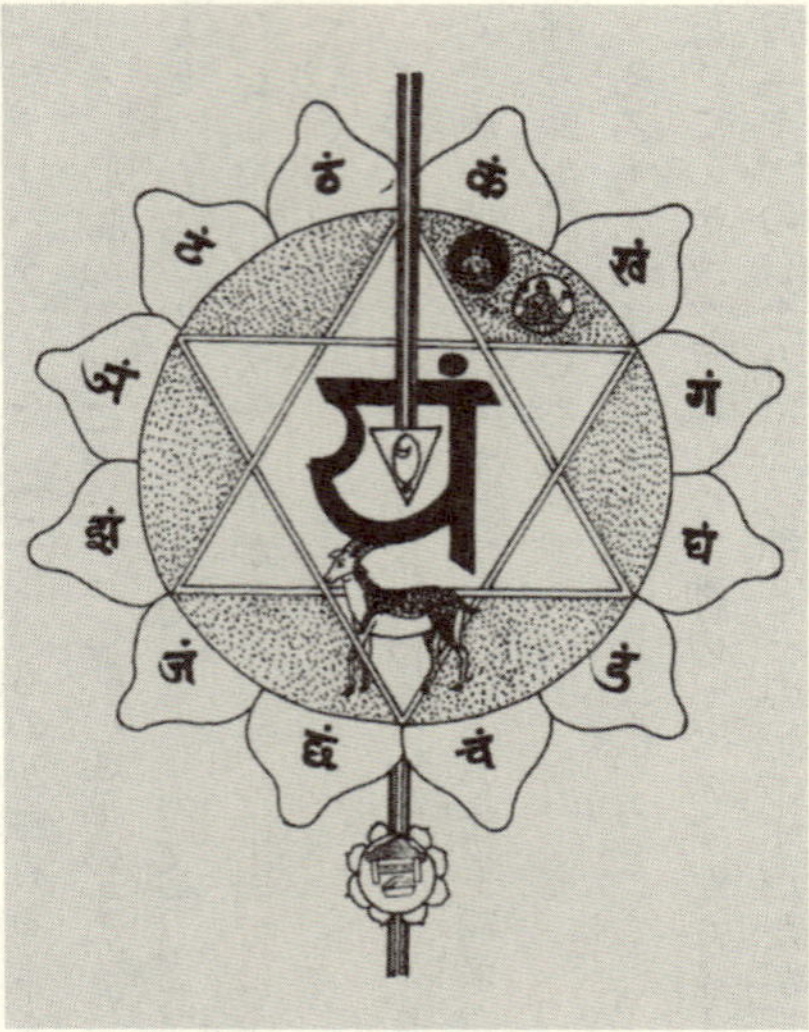

図11　第四チャクラ

風は霊（スピリット）である。「スピリット」とは元来は息をすることを意味した。第四のチャクラが位置する心臓は、古来、個我（アートマン）の座と考えられてきたが、サンスクリットの「アートマン」は息をするという意味の動詞からつくられたことばと考えられている。

この第四のチャクラでは、第三のチャクラにおいてえられた「聖なるもの」の体験が深化される。行者は、アートマンの座であるこのチャクラにおいて、「聖なるもの」の顕現に出会う。第三のチャクラではまだ不明瞭だった「聖なるもの」が、第四のチャクラでは包芽の段階においてではあるが、自らのすがたを顕現させるのである。チャクラの中心に位置する逆三角形のなかの小さなリンガは、ユングによれば、「聖なる」自己アートマンが顕現したすがたである。

ここまでのぼりえたクンダリニー（したがって行者自身）にとって、つぎの目標は、母音の刻まれた花弁をもつチャクラである。

第五チャクラ

第五の「ヴィシュッダ・チャクラ（清浄なチャクラ）」は喉（脊椎《せきつい》と延髄《えんずい》のつなぎ目にある喉頭部および咽頭部の叢）に存する。くすんだ紫色の、十六の花弁をもつ蓮華のかたちをしており、そのそれぞれの花弁には、サンスクリットにおける十六の母音──厳密には十四の母音とアヌスヴァーラ（鼻音の一種）とヴィサルガ（「ライプツィッヒ」の「ヒ」とか「バッハ」の「ハ」に似た音）──が刻まれている。蓮華の中央に逆三角形があり、そのなかに象をふくんだ円がある。その象の上には「種子マントラ　ハム（haṃ）」が乗っている（図12）。

このチャクラは第五元素である「空」と関係する。第一チャクラは固体である地と関係し、第二チャクラは液体状である水、第三チャクラは火炎状の火、そして第四チャクラは気体状の風に関係したのと同様である。元素としての「空」は、ヴァイシェーシカ自然哲学においては空間であるが、ヨーガ学派においてはエーテルと考えられ

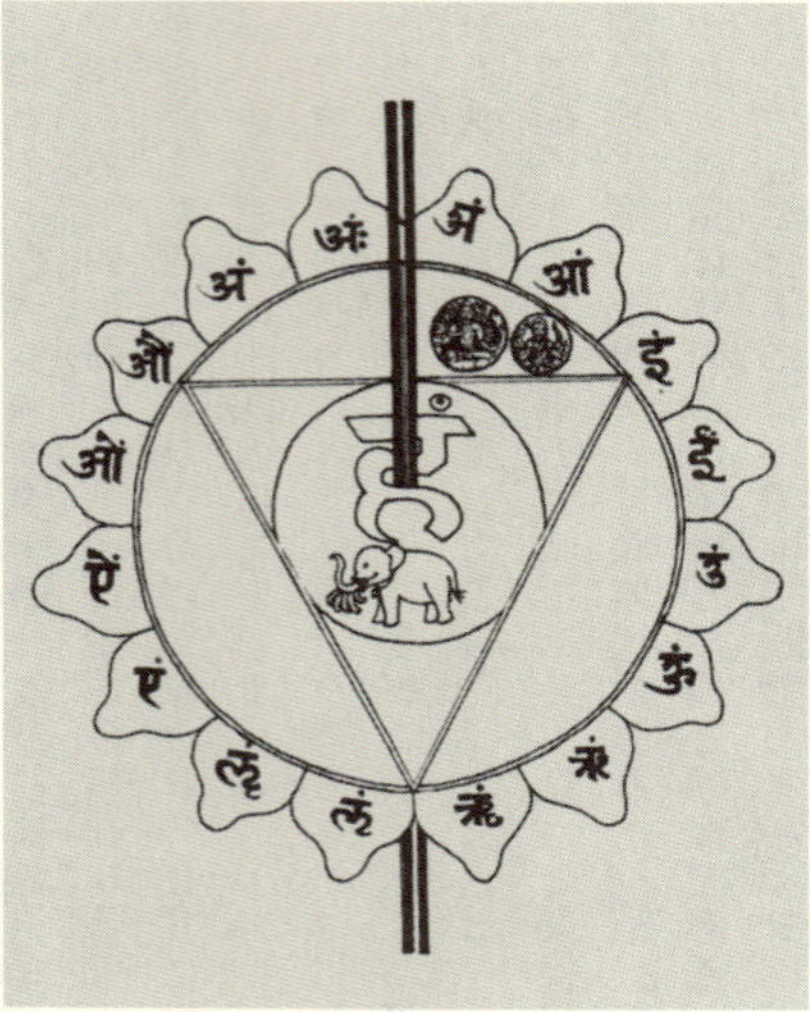

図12　第五チャクラ

ている。

　このように第一からチャクラの位置がのぼるにつれて、関係する元素は順を追って「軽く」なり、第五チャクラにおいては、重さもかたちも動きもない元素と関係することになる。これはヨーガ行者の心の状態が段階を追って昇華されることをしめしている。したがって、このチャクラは「清浄《ヴィシュッダ》なるチャクラ」とよばれているのである。

　もっとも、この清浄で軽い元素は、ヨーガの進行の過程においては、それまで「気」が通り過ぎてきた地、水、火、風の元素をふくんでいる。「気」がそれらの要素をより軽いものに変化させつつ担ってきたからである。それらの要素をふくみつつ「軽い」ことが重要である。

第五のチャクラのシンボリズムは、逆三角形の上にあらわれるサダーシヴァ神によってしめされる。この神は半身男性、半身女性の様相で表現されている。すなわち、ここで男性原理（シヴァ）と女性原理（クンダリニー女神）との融合が、あらためて確認されるのである。

第一のチャクラにおける男性原理シヴァ神——リンガのかたちでしめされていた——は、まだその力を発揮するまでにはいたっておらず、女性原理クンダリニーは「蛇」のすがたをとって眠っていた。第二、第三のチャクラを経過したクンダリニーは（したがって、ヨーガ行者も）、第四のチャクラにおいて「聖なるもの」の顕現に出会った。

第五のチャクラにおいてその「聖なるもの」は、男性原理と女性原理との融合というすがたをとっている。女性原理シャクティとは「力」を意味するが、ほかならぬ男性原理の「力」である。したがって、女性原理と融合した男性原理のみが、完全な機能を発揮できるのである。

第六チャクラ

第六の「アージュニャー・チャクラ」は眉間（海綿状の交感神経叢）に存する。

「アージュニャー」とは、命令、とくに師の命令を意味するが、このチャクラで師の命令がどのようにあたえられるかは不明である。

このチャクラは「ハ（ha）」と「クシャ（kṣa）」という二文字を刻んだ、二つの白い花弁をもつ白い蓮華である。この蓮華のなかには逆三角形があり、そのなかには「他のもの」とよばれるリンガがある。このリンガこそ最高神パラマシヴァの権化《ごんげ》である。このチャクラの種子真言は「オーム（oṁ）」であるが、この真言を乗せる動物はあらわれない。

「オーム」からすべてのものが生まれ、すべてのものがこの種子真言に帰っていくとインド人は考える。これまでのチャクラには一つ一つの元素を意味する種子真言があったが、ここでは宇宙を意味する真言があらわれる。

このチャクラがかかわる宇宙元素は、これまでにのべた五大元素を超えたもので、「マハット（大）」である。これはサーンキャ哲学の概観でのべたように、宇宙の根本物質が現象世界の形成のために動きだした、もっとも初期的な形態である。また、このチャクラは認識器官である「意（マナス）」と関係するともいわれている。「意」は五大元素すべてを対象とするものであり、五大元素のそれぞれとは異なった次元にあることはあきらかである。

第一から第五チャクラにいたるまでは、花弁の数が順に増えている。これはチャクラの中心から放射されるエネルギーの波動が、上方のチャクラに行くにつれてさかんになることをあらわしている。ところが第六のチャクラは、わずか二つの花弁を有するのみである。

イギリス人の「ヨーガ行者」リードビーターはその著書『チャクラ』のなかで、この二つの花弁は、じつは九十六の花弁がチャクラの回転のためにかさなりあったものと解釈している。

この解釈によれば、ここでのエネルギーの動きは、これまでとくらべられぬほど激しくなる。つぎの「サハスラーラ」の名称と考えあわせるならば、この解釈は正しいと思われる。

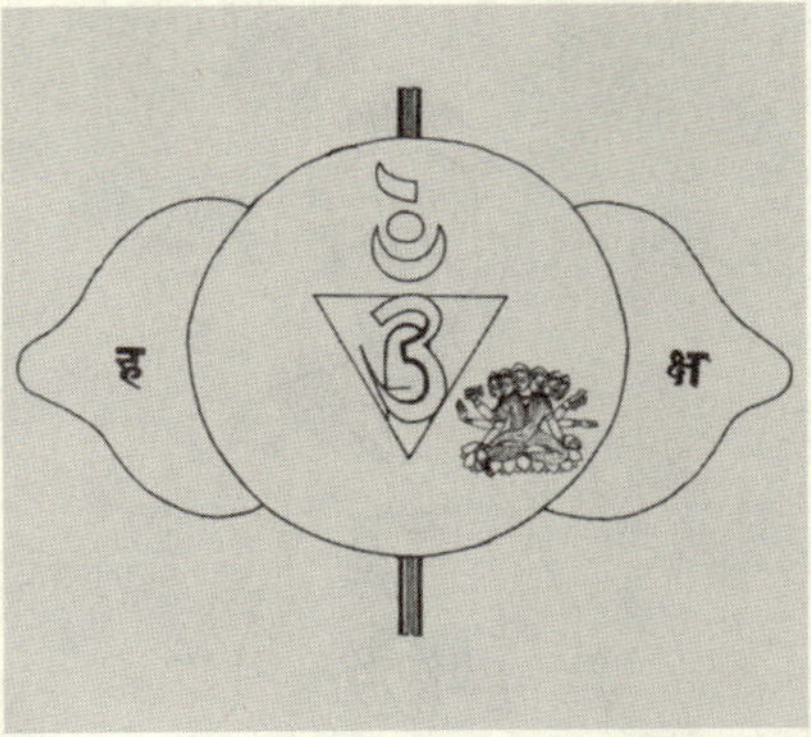

図13　第六チャクラ

サハスラーラ

頭頂にある第七チャクラは「サハスラーラ

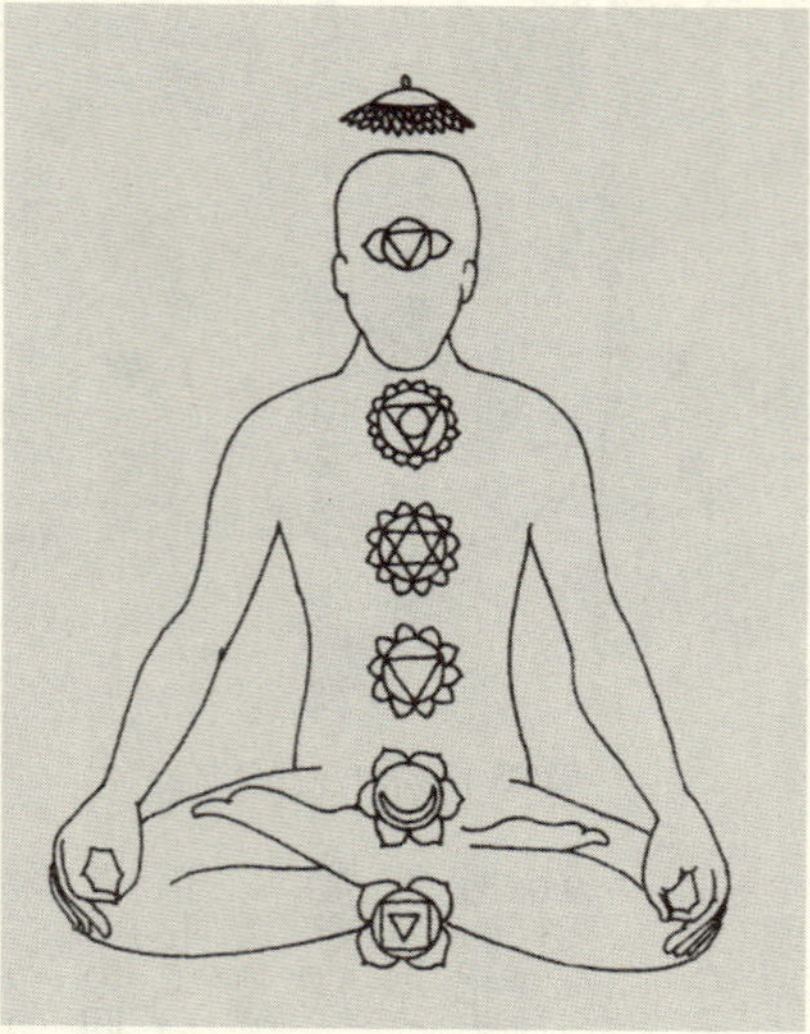

図14　六つのチャクラとサハスラーラ

（千の花弁を有するもの）」とよばれる。千の花弁を有する蓮華であらわされるが、ここにあるのは「光」ばかりである。種子真言もそれを運ぶ動物もリンガも何もない。第六のチャクラに到達したときにすでにえられていた五感を超えた状態は、ここにいたって根本物質「大」をも超えた状態――ブラフマン（大宇宙）とアートマン（小宇宙）の合一した状態――となるのである。

サハスラーラの存する領域である頭頂は、「ブラフマ・ランドラ（ブラフマンの穴）」とよばれている。厳密には「頭の頂」ではなく、頭頂の上というべきである。つまり、かの「光」は、ヨーガ行者にかがやくのであって、ヨーガ行者自身の頭頂がかがやくわけではないからだ。したがって、インド人たちは、サハスラーラを、ヨーガ行者の頭頂にではなく、頭頂よりわずか上方に描くのである（図14）。

このような意味で、サハスラーラはヨーガ行者の身体の内部にあった六つのチャクラとは異なる。おそらくはこの理由によってであろうが、しばしばサハスラーラは「チャクラ」とよばれない。

この頭頂に——あるいは頭頂の上方に——位置する「光」のかたまりは、ヨーガ行者の「気」の巡行の最終目的地である。脈のなかを通り抜けてここにいたったエネルギーは、ブラフマンのエネルギーと同化するのである。

以上のごとくハタ・ヨーガの行法がおこなわれる場である「微細な身体」は、一人のヨーガ行者の「身体」であるとともに宇宙でもある。そのことによって、「微細な身体」は、ヨーガ行者という小宇宙が大宇宙との同一性を感得する際の媒体となる。

その媒介のメカニズムを理解するには、ハタ・ヨーガにおける身体のシンボリズムだけでなく、宇宙のシンボリズムを知らねばならない。

6　調息法

「気」が動くと心が動く

「微細な身体」、とくにチャクラについての説明が長くなってしまったが、それはすべてつぎにおこなう調息法のための理論的準備である。古典ヨーガと同様、ハタ・ヨーガにおいても体位法（坐法）のつぎに調息法（調気法）がおこなわれる。後者の体位法には、前者よりもはるかに大きな力点がおかれている。

というのは、古典ヨーガでは心の作用を統御する（止滅させる）ために「気をしずめる」ことが求められたが、ハタ・ヨーガでは気を集中させ、あくまで細いが力強い流動体につくりかえる必要があったからである。そのためには、たんに身体を楽にするだけでは充分ではなく、身体の――したがって「微細な身体」の――いくつかの要所を「しめつける」ことによって「気」の「量」を増大させねばならない。

ハタ・ヨーガの基本は、もちろん古典ヨーガのそれと同様、心の作用の統御である。『プラディーピカー』（二・二）は、心と「気」との関係についてつぎのようにのべる。

「気」が動くとき心も動く。「気」が動かなければ心も動かない。ヨーガ行者は不動心をえなければならない。ゆえに「気」の動きを止めるべきである。

「微細な身体」には七万二千本の「気道（脈）」があるといわれる。実際、「気道」のかたまりが「微細な身体」なのである。その「気道」のなかを一般には――つまりヨーガ行者以外の場合には――かすかに散漫にプラーナが動いている。この「気」の流れを統御するならば、心は動かなくなる。

「気」が中央のスシュムナー気道を流れるとき、心は動かない（『プラディーピカー』二・四二）。

一般の人の場合には、中央のスシュムナー気道には「気」は入って行かない。スシュムナーは汚物でつまっており、清掃されないかぎり「気」はそのなかを流れないからだ。すでにのべた口腔や腸の清掃は、気道の汚物をとりのぞく作業の一部であった。エネルギー・センターであるチャクラもまた、一般の人の場合には中央の気道のなかにあって、「気」が流れるのをさまたげている。したがって「気」を中央の気道に通すには、「気」を集中させ、針のようにするどく強くせねばならない。

「月の気道」「日の気道」

「気」と息とは異なるが、両者は深く結びついている。ハタ・ヨーガにおいては、息(呼吸)の操作によって「気」を集中させるのである。精神を集中させ規則的に呼吸することによって、「気」を自分の思う個所に集めることができるからだ。中央の気道の左には「月の気道」イダーがあり、右には「日の気道」ピンガラーが存するのである(118ページ参照)。

「月の気道」は左の鼻孔に通じ、「日の気道」は右の鼻孔に通ずると考えられている。行者は、「月の気道」を通じて宇宙エネルギーである「気」を体内にとりいれ、自分の体力に応じてたもったのち、「日の気道」によって吐き出す。つぎには、「日の気道」によって「気」をとりいれ、やがて「月の気道」によって吐き出すのである(『プラディーピカー』二・七〜八)。つまり、行者は一方の鼻孔から息を吸い、しばらく息をたもったあと、他方の鼻孔から息を吐き出し、これを交互にくりかえすのである。この「息をたもつこと(保息)」は「クンバカ」とよばれ、ハタ・ヨーガの調息法の根本である。

『プラディーピカー』（二・四四～七〇）には、八種類のクンバカが説明されている。ゆっくりと息を出し入れする場合、両唇のあいだに舌をあてて「シー」という音を出しながら息を吸う場合、鍛冶屋のふいごを踏むように激しく息を出し入れする場合など、さまざまな呼吸法があるが、ようするに「月の気道」と「日の気道」との両方をもちいて、体内に新鮮な「息」を吸いこみ、保息し、それを吐き出すのである。

この規則正しい「息」の循環によって体内に「気」が満ちてくる。保息によって「気」が集中させられ、力をえると蛇のすがたをした女神クンダリニーをめざめさせるのである。「蛇」をめざめさせ、調教することは、実質的にはつぎの段階であるムドラーでおこなわれる。

7　ムドラー

クンダリニーをめざめさせるもの

『プラディーピカー』は調息法の説明のあとにムドラーの説明に入る。「ムドラー」とは元来、印、スタンプを意味したが、タントリズム（密教）の時代となると、「手の印相」を意味するようになった。

阿弥陀仏が二つの掌をあわせて二本の親指の先を合わせる印は「定印」とよばれ、禅定に入っているすがたをあらわしている（図5　110ページ）。この印はその仏が阿弥陀仏であることの目印でもある。仏たちはそれぞれ定められたムドラーを有するのである。

ムドラーは仏たちの手の印相のみではなく、タントリズムの儀礼をおこなうものも手によってムドラーをつくるようになった。さらに後期のタントリズムでは特殊な意味が「ムドラー」という語にあたえられ、「マハー・ムドラー（大印）」は究極的真理を意味することになった。

このように「ムドラー」という語にはタントリズムの歴史のなかでさまざまな意味があたえられてきたが、ハタ・ヨーガでも「ムドラー」は「身体の印相」――ヨーガをおこなう際の最終的なかたち――を意味する。定められた体位法によって坐り、調息法によって「気」を満たし、「ムドラー」によってスシュムナー気道の入口に眠る女神クンダリニーをめざめさせるのだ。『プラディーピカー』はこのように「ムドラー」にハタ・ヨーガの行法のなかで高い位置をあたえている。

もっとも体位法（アーサナ）、調息法（プラーナーヤーマ）、およびムドラーの区別は、しばしばつけがたい。ハタ・ヨーガでは、体位法においても「気」の調整がおこなわれるし、調息法によってもかの女神のめざめることがあるからだ。『ゲーランダ・サンヒター』では、第三章において「ムドラー」が、第四章において制感法が、そして第五章において調息法がのべられており、その場合には『プラディーピカー』とは「ムドラー」や調息法の内容もいささか異なっている。

十種のテクニーク

ようは、「ムドラー」とは女神をめざめさせるテクニークであるということだ。『プラディーピカー』(三・六〜七)には十種の「ムドラー」があげられているが、第一の「マハー・ムドラー」——仏教タントリズムの大印(マハー・ムドラー)と同じ名前である——のみを見てみよう。ほかの「ムドラー」はよく似たものである。

左足の踵で会陰部を圧《お》し、右足をのばしてその右足を両手で握る。喉のところで「しめつけ」をなし、「気」を引きあげる。するとむちで打たれた蛇が棒のように直立するように「クンダリニー」とよばれる「力(シャクティ)」はすばやく伸び立つ(『プラディーピカー』三・一〇〜一二)。

ここでのべられた体位は、われわれが以前に考察したものとは異なっているが、「シッダ体位」を用いた「ムドラー」も存在する。

スシュムナー気道の入口を、自分の顔面でふさいでねむっていた女神クンダリニーがめざめると、行者の身体を衝撃が貫くという。それはしかし、女神が気道のなかを登ったことの証《あか》しではない。行者は「毎日、一時間半ばかりのあいだ、かの蛇を運動させると、四十日にして」(『プラディーピカー』三・一一六〜一二〇)蛇はもっとも上にあるチャクラまでのぼるといわれる。

「力(シャクティ)」の権化にほかならない女神が、頭頂のサハスラーラ(千の花弁を有するもの)にいたったとき、ハタ・ヨーガの求める至福がえられるのである。

8　ハタ・ヨーガの三昧

アートマンとマナスの合一

『プラディーピカー』の最終の第四章は、ラージャ・ヨーガについてのべる。すでにのべたように、ラージャ・ヨーガとは『ヨーガ・スートラ』の系統のヨーガをさしており、『ハタ・ヨーガ・プラディーピカー』もパタンジャリ以来の伝統に属するものであることを宣言している。とはいえ、ハタ・ヨーガの行法・思想が、古典ヨーガとかなり異なったものであることはたしかだ。

哲学的に見るならば、古典ヨーガがサーンキャ哲学にもとづいていたのにくらべ、ハタ・ヨーガはヴェーダーンタ哲学に接近していることが、もっとも大きな相違である。

『プラディーピカー』（四・五）は三昧の状態をつぎのようにのべる。

三昧とは、水に塩が溶けて一体となるように、アートマン（真我）とマナス（意）とが合一した状態である。

この場合の「アートマン」とは、宇宙我ブラフマンと本来は同一である「真の自己（真我）」を指している。ヴェーダーンタ哲学によれば、唯一無二のアートマンが実在し、それは心的なものであり、歓喜そのものである。この世界はアートマンの有する幻影力（マーヤー）によってあらわれでたものであって、実在するものではない。アートマンを知ったとき、幻影としての世界は唯一の実在のなかに溶け入るのである。

そのときには、真我アートマンと宇宙我ブラフマンは合一するといわれる。
さらに『プラディーピカー』（四・七）は、この合一の状態についてつぎのようにいう。

個我（ジーヴァ・アートマン）と最高我（パラマ・アートマン）との二つが均一となり、合一し、そしてすべての観念が消え去った状態が三昧とよばれる。

個我（アートマン）と宇宙我（ブラフマン）との本来的同一性は、インド精神が仏教の成立以前、ウパニシャッド聖典群の時代からもちつづけてきたものであった。後世、ヴェーダーンタ学派はヒンドゥーの諸哲学派のなかでとりわけ個我と宇宙我との合一の体験を求めた学派であった。『プラディーピカー』（四・五六）はヴェーダーンタ哲学者が、しばしば用いる譬《たと》えによって三昧の状態を説明する。

三昧に入っているときには、虚空《こくう》（エーテル）のなかにある瓶《かめ》のように、行者の内も外も空である。また、海中の瓶のように、内も外も満たされている。

「聖なるもの」宇宙

ところで、一般にわれわれの眼前にくりひろげられる現象世界では、個我はうつろいやすい人体をまとっている。宇宙我は宇宙のすべてを統括しているものだ。ならば、どうしてこの二者が同一のものであると信じられよう。その二者の自己同一性が体験できるならば、どのような方法を通じてそれが可能となるのだろうか。ヴェーダーンタ哲学およびその影響をうけたハタ・ヨーガがとった方法は、個我（小宇宙）と宇宙我（大宇宙）の相同性《ホモロジー》の考察から同一性の直観にいたることであった。「微細な身体」はそのための理論的準備である。

インドはひとりひとりの身体に宇宙を見る。宇宙（世界）とは別に存在し宇宙を創造するといった神の存在を認めないインドにとって、宇宙全体が「神」にほかならない。宇宙は構造をもち、全体であり、そして「聖なるもの」である。個我あるいは個体は、部分であり、「俗なるもの」である。部分が全体のなかにふくまれることはもちろんのことであるが、全体が部分のなかに見出されるということも、インド人にとってはよく知られたことだ。

メール山頂の甘露

ヨーガ行者の身体の諸部分が五大元素（地・水・火・風・空）の特質と対応していることはすでに見た（図6　115ページ）。五大元素は世界の「物理的基礎」であり、インド人たちはこの基礎の上に「世界軸（アクシス・ムンディ）」としてのメール山（須弥山《しゅみせん》）を考える。この山のモデルはカイラーサ山だといわれている。

『プラディーピカー』（三・五二）はメール山を背骨と同一視し、その頂上に一日分の「甘露《かんろ》（ソーマ）」を蔵する洞穴があるという。ここはもろもろの河川――すなわち、気道――の合流するところである（三・五三）。イダー気道はガンジス河に、ピンガラー気道はヤムナー河に譬えられる（三・一〇九）。また、イダーは「月の気道」、ピンガラーは「日の気道」ともよばれて、この二つの気道は日と月とのシンボリズムとも結びつく。

『プラディーピカー』はヨーガ行者の身体を宇宙とみなしているが、このように行者の身体に宇宙を見る方法は、ヴェーダーンタ哲学の影響をうけた『シヴァ・サンヒター』において、より顕著に見ることができる。

この身体に七つの島に囲まれたメール山がある。もろもろの河、海、山、畑、領主たちも存する（二・一）。

また、仙人（リシ）や聖者（ムニ）がおり、すべての星と惑星も存する。巡礼の霊場、神殿、神殿の主たち（神々）も見られる（二・二）。

創造者たる月と破壊者たる日も運行している。また、空、風、火、水、地も存する（二・三）。

月と日の位置

背骨というメール山をとりかこむ島はチャクラを指し、中央の気道スシュムナーは天上に通ずるというサラスヴァティー河と相同関係におかれる。月は「甘露（ソーマ）」を分泌する「生命の泉」であり、「創造者」とよばれ、日はその生命のジュースを飲み干してしまう。月から生まれる液がなくなったとき、人は死ぬのである。

「月」と「日」の位置には諸説がある。「月」の場所は軟口蓋の上方とも、二つの乳頭を結んだ線の中央ともいわれ、「日」は一般に臍の下部にあるといわれる。

「月」から落ちる生命の液を「日」に消化させないように「日」にいたるまえに他に

同化させる。まず地の特性であった香りを水が吸収してしまう。すると、特性をうしなった、もはや「地」でなくなった地は、水のなかに溶けこんでしまう。つぎには水の特性である味を火がのみこむが、特性をうしなった水は、火に溶けこんでしまう。同様にして火の特性である「輝く色」は風にのみこまれ、火は風に同化する。こんどは、風が特性「触」を無くして空に同化する。このようにしていまや第五元素空——その特性は声——ばかりとなる。このようにして行者は、ソーマの落ちるのを止めるか、あるいは上方に引きあげるべくめざすのである。

この「生命の液」に関する説とクンダリニーに関する理論とが、どのように組みあわさっているかはテキストや時代によって違いがある。ここでは、ハタ・ヨーガが行者の身体を宇宙と相同の関係においていたことを確認するに止めたい。

世界消滅の体現

サーンキャ哲学にもとづいた古典ヨーガの骨子は、原質（プラクリティ）の活動を止滅させることによって、霊我（プルシャ）を顕現させるというものであった。ハタ・ヨーガにおいても、この現象世界を止滅させることによって「聖なる」ブラフマン（梵）に到達するという構図が見られる。つまり、神話が説いてきた世界の消滅を、ヨーガのなかでおこなおうというのである。

地、水、火、風、空の五大元素と、第一から第五までのチャクラのそれぞれが対応しており、「気」が最下部の第一チャクラから順次上にのぼっていくことはすでにのべた。この「気」の上昇の過程は、世界の消滅の過程でもあったのだ。

地には、地にのみ存し、ほかの物質には存在しない属性である香りがある。この属性を有することによって、地ははじめて「地」たりうる。

ところで、世界の消滅の際には、まず地上の生類《しょうるい》がほろぶ。メール山は崩《くず》れ、海は消える。そして、五大元素の消滅が見られるがこの過程においてヨーガ行者は「気」の巡行を通じて、世界の消滅を体験するのである。そして、消滅の末に、ブラフマンとの合一を味わう。これが、ハタ・ヨーガにおける大宇宙と小宇宙との合一である。

第五章　ヨーガの展開

1　初期のヨーガ

ヨーガの起源

ヨーガの起源についてはよくわかっていない。ある研究者たちはヴェーダにのべられる苦行者の秘儀的実践のなかにその起源を見ようとするが、ほかの研究者たちは、アーリア人の手になるヴェーダのなかに、というよりもむしろ非アーリア人の伝統のなかにヨーガのはじまりを見ようとする。

いずれにせよ、ヨーガという宗教実践の方法がヴェーダにもとづく祭式主義とは異なるものであり、非アーリア的要素を強くもっていたことにうたがいはない。

アーリア人たちがインドに侵入する以前のインダス文明の遺跡のなかから、ヨーガ行者のように坐った「神」の像が見つかっている。彼の頭の上には、シヴァ神の武器である三叉戟《さんさげき》のようなかたちの「角」がある。この「神」は、のちにヒンドゥー教で活躍することになるシヴァ神の原型であろうと推定され、多くの人がこの「神」にヨーガ行者の原型を見ようとする。

シヴァ神がヨーガの行者であることは、神話のなかでよく知られていることだ。だが、ある研究者はかの坐った「神」のペニスが立っていることを指摘し、それはヨーガを行じているのではない、という。とはいえ、性とヨーガとは近い関係にあり、「性的ヨーガ（性行為を手段とするヨーガの一種）」も後世には登場するのである。ようするに、ヨーガの起源は謎である。

「ヨーガ」の典拠

紀元前八〇〇～前七〇〇年ごろまでには、インド人は呼吸を調整し、精神を集中することによって、特殊な体験のえられることを知っていた。このような体験はヴェーダ祭式に専念するバラモン僧たちのグループとは異なるグループの人々によって追求されたと思われる。紀元前七〇〇年ごろからは、ヴェーダの祭式――ホーマ（護摩《ごま》）祭やソーマ祭を中心とする――に反抗したウパニシャッドの哲人たちの活躍がはじまる。彼らは宇宙原理ブラフマンを直証する知を求めたのである。

ところで、ウパニシャッド群のあちこちにヨーガの初期的なすがたをかいまみることができる。ウパニシャッドの哲学が主として知を求めたのにたいして、ヨーガは知をも捨てたところに何ものかを体得しようとした。このようにウパニシャッドとヨーガとは、その求めるものや方法が元来は異なるのであるが、時代とともに両者のあいだには、さまざまなかたちで相互に浸透現象がおこった。

ヨーガの実践は、もっとも古いウパニシャッド群に属する『チャーンドーギヤ・ウパニシャッド』(八・一五)からは制感の実践が、また同様に古い『ブリハッドアーラニヤカ・ウパニシャッド』(一・五～二三)などからは、調息法《じょうそく》の実践がうかがわれる。しかし、「ヨーガ」という語が、本書でわれわれがあつかっている行法《ぎょうほう》の意味ではじめてあらわれるのは、『タイッティリーヤ・ウパニシャッド』(二・四)と『カタ・ウパニシャッド』においてである。

後者の神秘的な寓話は有名である。若いバラモン、ナチケータスは、死者の王ヤマに人間の死後の運命について話すようたのむ。ヤマは地上の財をさし出してこの問題からナチケータスをそらそうとしたが、若者は承知しない。最後にヤマがあきらかにした秘密はアートマンであり、「それは理性によっても博学によっても知られない」ものであった。

『カタ・ウパニシャッド』のつぎのくだりからは、ウパニシャッドが求めてきた真の自己アートマンが、ヨーガの方法によって追求されていたことがわかる。

あなたは知るべきだ　アートマンは馬車を駆るものであり　身体は馬車であると
感官は馬であり　感官の対象は馬が駆ける場所といわれる
……知力があり　心が常に堅固にたもたれているもの――そのものの感官は制御されている　御者に従順な馬のように（三・三〜六）

ヨーガ的イメージ

ここには「ヨーガ」という語は見あたらない。しかし、エリアーデが指摘するように、「以上に述べられたイメージは特にヨーガ的である。馬具、たづな、御者、従順な馬はすべて語根yuj《ユジュ》『おさえる』、『軛《くびき》をかける』に関係している」（『ヨーガ』（一）拙訳、せりか書房、一九四ページ）。この同じウパニシャッド（六・一一）ではヨーガが明確に語られる。

感官をこのように堅固に制御すること
このことを人々はヨーガと考える
そのとき、人は心を乱さなくなる

またこのウパニシャッドは後世のヒンドゥー教におけるヴィシュヌ崇拝とヨーガとの総合の芽を、すでに語っているという点で重要である。すなわち、

御者の知力を持ち……心の中でたづなを持つ者——
その者は　旅の目的地　ヴィシュヌのあの最高の居場所に居る（三・九）

後世のヒンドゥー教においては、シヴァ崇拝がハタ・ヨーガとの結びつきを強めていったのにくらべ、ヴィシュヌ崇拝は「バクティ・ヨーガ（献身のヨーガ）」と深い関係をもつことになる。これについては次節でのべることにしよう。

『カタ・ウパニシャッド』と同時代と思われる『シュヴェーターシュヴァタラ・ウパニシャッド』はよりいっそうくわしくヨーガの実践についてのべる。

［上体の］三［部分］をおこして　身体を動かないようにし
心とともに感官を　心臓へ入らせつつ
賢者はブラフマンの船に乗って
すべての恐しい流れを　渡るべきだ

おのが息をこの身体の中で制圧し　自分の動作を抑えたのち
息を減らして　鼻孔より呼吸すべきである
横着な馬を結びつけられた車のような己が心を
賢者はとり乱さず抑制すべきだ

小石　火　砂利がなく　清らかで平らな場所で
水などの音のゆえに　思念にはここちよく
目を損わぬ　風から守られた隠れ場で
人はヨーガを実践すべきだ（中略）

軽妙　健康　堅固　顔面の清らかさと　声のここちよさ
香りの甘美さと　すくない排泄物——
これらはヨーガの進歩の第一段階といわれる（二・八〜一三）

ここではすでにヨーガの八階梯のなかの坐法、制感、調息法が見られる。この記述からはどのような内容の「三昧」にいたっていたのかは不明であるが、『ヨーガ・スートラ』のそれとそれほど異なっていたとは思われない。

紀元後二世紀ごろまでには成立したと考えられる『マイトリ・ウパニシャッド』は、禁戒、勧戒、坐法を欠き、そのかわりに「タルカ（反省、判断力）」を有するが、かの八階梯の残りの五つを知っている。『ヨーガ・スートラ』の成立は紀元後二〜四世紀と考えられており、二世紀ごろにはパタンジャリが編纂《へんさん》したようなヨーガのシステムが、ほぼ成立していたのであろう。

2　バクティ・ヨーガ（献身のヨーガ）

『バガヴァッド・ギーター』の成立

紀元後二世紀ごろまでにはヨーガにとって、さらにはヒンドゥー教全体にとって、重要な聖典が成立していた。『バガヴァッド・ギーター（神の歌）』である。これはインド最大の叙事詩『マハーバーラタ』第六巻のうち、五王子と百王子との戦争がはじまる直前の場面に挿入された、約七百頌《じゅ》（一頌は三十二音節の韻文）の部分であるが、後世『バガヴァッド・ギーター』あるいはたんに『ギーター』と呼ばれて独立の聖典としてあつかわれてきた。

まさに戦いがはじまるというとき、五王子のなかの第二王子アルジュナは親族や友人たちと戦うことを思って心沈んでしまう。彼の戦車の御者に姿を変えていた神ヴィシュヌは、三種類のヨーガを説き、さらにアルジュナにのみ自らの巨大な真のすがたを見せ、王子アルジュナに武士のつとめをはたすよう説得する。

十八日間におよぶ戦いがおこなわれ、両軍の兵士たちのほとんどが死んでしまうが、『ギーター』の主要な内容はかの「三種類のヨーガ」である。「三種類」とは、「知のヨーガ」、「行為のヨーガ」、「バクティのヨーガ」である。

『ギーター』における「ヨーガ」という語の意味については、すこしばかり説明が必要だ。ここでは「ヨーガ」は『ヨーガ・スートラ』におけるとほぼ同じ意味でも用いられる一方、「三種類のヨーガ」という場合には「道」、「方法」の意味でつかわれている。「ヨーガ」という語自体には「適用」、「ありかた」などという意味もあり、「ヨーガ」を「道」という意味にもちいることは特殊なことではない。

しかし、『ギーター』が「知」と「行為」と「献身」という三種の宗教実践を「ヨーガ」とよんだことは、後世におけるヨーガの運命を変えた。

『ギーター』の作者あるいは編者はもちろん『マイトリ・ウパニシャッド』にのべられているようなかたちのヨーガ——つまり、『ヨーガ・スートラ』的ヨーガ——の実践方法を知っており、『ギーター』のあちこちで、いわゆる狭義の意味のヨーガについて言及している。と同時に『ギーター』は「宗教実践の道」というように「ヨーガ」という語をきわめてひろくもちいている。これは作意的な試みの結果である。

統一の試み

『ギーター』の試みは、欲深いものである。というのは、それはインドが接した宗教形態のなかの抗争、葛藤のほとんどを統一総合しようとしているからだ。

その統一総合は、大まかにいって二つの方向でなされる。つまり、「知の道（ジュニャーナ・ヨーガ）」と「行為の道（カルマ・ヨーガ）」の統一であり、いっぽうこの古代からよく知られた二つの道と、新しくおこってきた「献身の道（バクティ・ヨーガ）」との総合である。

『ギーター』のこの統一総合の試みはかなりの成功を収め、この画期的な試みによって、もっとも重要なヒンドゥー教の聖典となり今日にいたっている。多くのヒンドゥーの思想家たちが、それぞれの立場から『ギーター』に註釈書を書いてきた。『ギーター』の註釈書の歴史は、そのままヒンドゥー教思想史と見なすことができるほどである。

「知の道」は、ウパニシャッド以来の伝統をうけついで、特別な知識、あるいは直観知によって根本原理を体得しようとするものであり、古典ヨーガの方法と相通ずるものがある。「行為の道」とは、第一義的にはヴェーダ時代以来の祭式主義を指すが、『ギーター』特有のあいまいさによって、ほかの行為をも指ししめしている。御者クリシュナ――ヴィシュヌ神の化身――がアルジュナ王子に「行為の道を進むべきだ」と教えたとき、その「行為」とは武士階級の義務、すなわち戦いを指していた。

註釈家たちは「行為（カルマン）」を、それぞれの立場から説明してきた。たとえば、近代のヴィヴェーカーナンダはそれを労働と奉仕ととらえ、二十世紀のティラクは独立運動と解釈したのである。「行為の道」の要点は、結果あるいは報いをわすれて行為に専念せよ、というものであった。

一般に、行為は結果あるいは報いをえるためにおこなわれる。しかし、『ギーター』はその結果あるいは報いをえることを期待することなく、しかも行為をおこなえ、と命ずる。ここには行為の報いを自ら放棄するという自己否定が見られる。

この自己否定こそ、宗教行為にとって不可欠な「俗なるもの」の否定であり、『ギーター』が後世、個人的な精神的至福を求める型の宗教——後期のヒンドゥー教のほとんどの派——においても聖典と見なされるにいたった主要な原因の一つである。

「聖化」への道

宗教も一種の行為であり、行為であるかぎり、目的あるいは結果を追求する。「行為のヨーガ」が「行為の結果を無視せよ」という場合の「結果」とは、現世的《げんせ》利益《りやく》あるいは世俗的繁栄を意味するのであって、精神的至福のことではない。ヴェーダの宗教では祭式をおこなう、あるいは僧におこなってもらうことによって、人々は世継ぎの誕生とか、長寿とかを願う。

『ギーター』はヴェーダ祭式を批判しながら、そうした「行為」の報酬に対する期待を捨てて、各々の義務に専念すべきだと主張する。「行為は無行為より勝れている」と『ギーター』(五・八)はいう。

神は不生不滅である。なぜなら、常住だからだ。人間は生まれ、死ぬ。しかし、われわれが「生まれ、死ぬ」とあやまって考えるのみで、本来はわれわれの真の自己アートマンは不生不滅なのだ。「知の道」つまり狭義のヨーガによっても「行為の道」によっても、かのアートマン——すなわち神——にいたることができると『ギーター』は主張する。

このようにして『ギーター』は、肉体の運動はもちろんのこと、あらゆる心の作用を止滅させる道であるヨーガの伝統を、「行為の世界」においても成立させようと試みた。つまり、行為の自己否定による行為の「聖化」への道が、「行為のヨーガ」であったのだ。

ところで『ギーター』の試みはここで終るわけではない。それまでに徐々に成長しつつあったヴィシュヌ崇拝が、ほかの二つの道よりもすぐれたものとして位置づけられるのである。ヴェーダの神々は人格神ではあるが、バラモン僧の祭式を通してのみ、「人との交わり」がたもたれるにすぎない。すくなくとも、個人が自己の精神的至福を求めて訴えることのできる神々ではなかった。

ヴェーダにつづいてあらわれたウパニシャッドの宇宙我（ブラフマン）と個我（アートマン）は、いわゆる人格神ではなく、賢者のみが知によって直証できる哲学的原理であった。

ウパニシャッドの時代ののち、おそらくは紀元前三、二世紀ごろから人格を有し、バラモン僧以外のものたちも「信仰」さえあれば直接に「交わり」をもつことができるといったヴィシュヌ神への崇拝が成長していたと推定される。人々は僧侶をつうじてではなく、直接に語りかけることができ、こたえてくれる「生きた神」を求めたのである。ウパニシャッドの説く抽象原理ではものたりなかったのだ。

とはいえ『ギーター』はウパニシャッドの伝統を無視することはできない。事実、『ギーター』は『ヨーガ・ウパニシャッド』と各章の終りでは自らをよんできたのである。したがって、『ギーター』は、宇宙我ブラフマン、個我アートマン、そして神ヴィシュヌを同一視するという大胆なことをやってのけた。

このようにして従来よりもよりひろい層の人々が、ウパニシャッドの知的伝統に接することもでき、個人個人が直接に語りかけることのできる神をも有することになった。この神への「信仰」は「献身の道（バクティ・ヨーガ）」とよばれる。

ヴィシュヌへの収斂

「バクティ」とは、動詞バジュ bhaj――「わかちもつ」、「参加する」、「適合する」

——からつくられた語で、従来「献身」、「献信」、「献愛」などと訳されてきた。この信仰形態は、浄土信仰における阿弥陀崇拝に似たものであり、R・オットーが「インドの恩寵の宗教とキリスト教」（ゴータ、一九三〇年、人文書院『インドの神と人』、一九八八年所収）において指摘するように、キリスト教信仰——とくにプロテスタンティズムにおけるそれ——と相通ずるものである。

「バクティ・ヨーガ」の要点は、「われ［すなわち、神ヴィシュヌ］に心を集中させること」である。それ以外には何も必要ない。この明解さが『ギーター』の成功の秘密なのであるが、「ヨーガの展開」にかかわっているわれわれにとっては、この献身《バクティ》の方法が「ヨーガ」とよばれたこと、そしてその伝統は今日までつづいていることが重要である。

ただ、初期のバクティと後期のバクティとの相違について触れておきたい。『ギーター』に代表される初期のバクティ・ヨーガでは、心はしずかにヴィシュヌ神へとむけられる。ヴィシュヌのイメージを——われわれがすでに第三章で『ヴィシュヌ・プラーナ』の一節において見たように——浮かべることはあっても、あくまで自己のなかに神のイメージをしずかに定着させるものである。

しかし、後世、とくに『バーガヴァタ・プラーナ』（十、十一世紀）以降になると、神ヴィシュヌへの献身のために、踊り、泣き、笑い、叫ぶようになる。狂者の陶酔のなかに神を求めるのである。この後者の献身の道は、もはやヨーガではない。

ところで、かのマハーラーシュトラの聖者ジュニャーネーシュヴァラ（十三世紀末）は、後者のかたちのバクティ運動にも接していたと思われる。彼はヴィシュヌ神の化身ヴィッタルの熱烈な信者であった。彼の『ギーター』註である『ジュニャーネーシュヴァリー』からは、神に酔ったもののみに許される狂おしさとたかぶりが感じられる。彼が踊り、泣き、叫んだとは伝えられていないが。

彼が入定《にゅうじょう》したときには、彼の前には神ヴィッタルが立ったであろう。あるいは、彼はヴィッタルのなかにあったかもしれない。

3　仏教思想とヨーガ

初期仏教のヨーガ

仏教は、紀元前五世紀に仏陀（ブッダ）によりひらかれたが、十三世紀にはインドから消滅している。ヴェーダ聖典の権威を否定し、バラモン中心主義に批判的であった仏教は、インドの地に生き残ることはできなかったが、スリランカ、タイなどの南方諸国に、ネパール、チベット、中国、日本などの北方諸国に分身を残すことができた。

ところで、仏教とヨーガとのかかわりはじつに深い。祭式主義と極端な苦行主義との両方に批判的であった仏陀が採った方法は、一種の瞑想である。初期の仏教の瞑想法は、一般に「静慮《じょうりょ》（ディヤーナ）」とか「等至《とうじ》（サマーパッティ、定《じょう》）」とかよばれ、「ヨーガ」とよばれることはまれだ。だが、仏教徒のその方法が、広義のヨーガであることにうたがいはなく、後世には仏教内で「ヨーガ」という名称がさかんにもちいられることになった。

ヒンドゥー教は祭式のシステムをもち、法律、占星術、建築など人間の生存のありとあらゆる方面にかかわらねばならなかった。しかし、仏教は、すくなくともその初期の形態においては、個人的な悟《さと》り――精神的至福――にもっぱらかかわっておればよかった。したがって、仏教における瞑想法（等至あるいはヨーガ）の比重は大きなものとなった。仏陀はインドが生んだもっとも初期の偉大なヨーガ行者なのである。

仏教の実践は戒、定、慧《え》の「三学」よりなるといわれる。戒（戒律）によって身心の状態をととのえ、悟りをえるための手段である定（禅定《ぜんじょう》）によって、目的としての慧をえようとする。初期仏教における定としては「四禅」が基本的だ。『ポーッタパーダ・スッタ（布吒婆楼経《ふたばろきょう》）』における四禅の説明が有名であるから、そこから簡略化して要点のみをのべてみよう。

四禅と四無色定

初禅とは、「尋《じん》（粗い考察）」と「伺《し》（微細な考察）」がたえまなく見出され、世俗的欲からの離脱より生まれた「喜《き》（現状に満足すること）」と「楽《らく》（平安な心）」とがある状態をいう。第二禅は尋と伺がなくなり、喜と楽とが存在する状態である。第三禅は、喜もなくなり、ただ楽のみがある状態であり、第四禅は楽をも離れ、念（心）が清浄になった状態である。

これらが実際にどのようなことなのかを理解することはむずかしい。仏教では世界を「欲界《よくかい》（感覚的欲求の盛んな世界）」、「色界《しきかい》（感覚的欲求はなくなり物質的なもののみが残る世界）」、および「無色界《むしきかい》（物質的なものもなくなった純粋に心的な世界）」にわけており、四禅は「色界」に住む者の「定」である。

われわれは――少なくともわたしは――欲界に住んでおり、欲界をはなれた色界のことはわからないではないかといわれればそうなのであるが、ともかくも四禅においては心的要素が一つずつなくなるというかたちで定の位が進むことは、心作用の止滅《しめつ》という古典ヨーガと相通ずるものがある。

色界の定を体得したものは、つぎに無色界の定（四無色定《しむしきじょう》）に進む。四無色定の第一すなわち、空無辺処《くうむへんしょ》は、「虚空は無限だ」と考えながら心が虚空の無限性にのみかかわる精神状態である。その状態を超えて、「認識は無限だ」と考えながら心が認識の無限性にのみかかわる精神状態が、「識無辺処《しきむへんしょ》」（四無色定の第二）である。

その状態をさらに超え、「実在するものは何もない」と考えながら、心が事物の非実在性のみにかかわる精神状態が「無所有処《むしょうしょ》」（第三）であり、つぎには「わたしは何も考えもしない」と決意し、すべての表象も意識も消えた状態が「非想非非想処《ひそうひひそうしょ》」（第四）とよばれる。「想念をもたず、また想念をもたないということにこだわらない」という意味である。

ここでわれわれは、古代の仏教徒たちが自分たちの体験を分析しながら、最終的には心作用の止滅したところへとむかおうとしていたということは理解できる。くりかえすが、仏教徒たちは、そしてヒンドゥー教徒たちも、心作用の止滅したところに何ものか――「聖なるもの」――が自分たちを待ちうけていると信じていたのである。仏教徒は宇宙原理ブラフマンの実在を信じない。しかし、心作用――「俗なるもの」――が止滅したところに涅槃《ねはん》（ニルヴァーナ）が成立すると信じたのである。

大乗仏教とヨーガ

紀元後一世紀ごろから大乗仏教が興隆するが、大乗仏教におけるヨーガの位置はひきつづき重要なものであった。ここではまずタントリズム（密教）台頭以前の大乗仏教（顕教《けんぎょう》）におけるヨーガについてかんたんにふれ、つぎにタントリズムにおけるヨーガについてのべることにしたい。

「顕教」的立場から見て、インド大乗仏教には中観《ちゅうがん》派と唯識《ゆいしき》派との二学派がある。前者は竜樹（ナーガールジュナ、二世紀ごろ）の系統をひいており、後者は四世紀ごろの人物と推定される無着《むちゃく》（アサンガ）・世親《せしん》（ヴァスバンドゥ）兄弟によって確立された。唯識派は「ヨーガ行派（ヨーガ・アーチャーラ、瑜伽行派《ゆがぎょうは》）」ともよばれた。

本書では、（一）竜樹の基本的立場、（二）世親のヨーガ観、そして（三）般若経《はんにゃきょう》と深い関係にある「現観《げんかん》（アビサマヤ）」という一種のヨーガ行についてふれることにしたい。

竜樹とヨーガ

竜樹の主著『中論《ちゅうろん》』は、その後の大乗仏教の基本的進路を定めたといわれる。この書は直接にヨーガにかかわってはいない。が、ヨーガがめざしていることと同じことに、別の道筋をとおって到達しようとしているのである。

ヨーガにとって止滅させられるべき「俗なるもの」は、心の作用であった。『中論』にとって止滅させられるべきものは、ことば――とくに文章（命題）のかたちになったことば――であった。竜樹にとってことばがすなわち「俗なる」世界なのであった。ことばをもちいるかぎり、「聖なるもの」である空性あるいは涅槃は体得できない。なぜならば、ことばがあるかぎり――ヨーガ風にいうならば――心の作用がはたらいているからである。

竜樹が『中論』のなかでいわんとしていることは、どのようなことば（命題）も最高真理である「空性」の立場では成立しないということである。

「子供が笑う」、「花が咲く」というような日常のことば、あるいは命題は、本来は成立しないのだと竜樹は主張する。それを証明するためのいくつかの方法を竜樹は『中論』のなかでしめしているのであるが、それについての説明は、ほかのところ（拙著『「空」の構造――『中論』の論理』レグルス文庫、第三文明社、一九八六年、『中論の思想』法蔵館、一九九四年）でのべたので、ここでは割愛したい。

「子供が笑う」、「犬が走る」などのことば（命題）が、事実と一致するという意味で

「真」であり、日常生活にとって有効なものであることを、竜樹は否定しているのではない。究極的真理である空性にいたるためには、一度はすべてのことば——音声とか文字とかに表現されたもののみではなく、ことばによる思考そのもの——が止滅させられねばならないと主張しているのである。

ここにおいてわれわれは竜樹の方法とヨーガという方法とが、ともに日常のことばによる思考を断ちきろうとしているのを見るのである。

では、この世界はあらゆることば・思考の葬りさられた虚無の闇に終るのか。それが求めるべき空性なのか。竜樹はこたえる。すなわち、空性は仮説《けせつ》（仮設）としてよみがえるのだ、と。「仮説」とは実在はしないのではあるが、ことばによって世界をかりに名づける（設定する）という意味である。仮説は「俗なるもの」としての世界が「聖なるもの」としての空性にふれたのちに「聖化」されてよみがえった世界である。それは「三昧《さんまい》より起きた」ヨーガ行者が、自分のまわりの世界をより新鮮な眼でながめるのと似ている。

「空性（シューニヤター、文字通りにはからっぽであること）」という語によって竜樹が何を意味していたかを知るのはむずかしい。「竜樹は般若経にもとづいて自分の思想を形成した」としばしばいわれるが、般若経の論理、論法と『中論』のそれとは、かなり異なっている。

その説明も、ここでは割愛せざるをえないが、ともかく『中論』および竜樹の真作と考えられる著作のなかには、「智慧の完成」（般若波羅蜜）という語は重要な術語としてはあらわれない。したがって、「空性」という語によって、竜樹が智慧を意味していたかどうかも疑問である。おそらくは、「智慧」というものをも止滅させたかったのであろう。竜樹の「俗なるもの」を否定する態度は、徹底している。この意味では『中論』の空性は『ヨーガ・スートラ』のいう無種子《むしゅし》三昧と似ているといえよう。

唯識派（ヨーガ行派）のヨーガ

おそらくこの学派は仏教諸派のなかでもっとも複雑難解な世界観と実践理論を有している。ここでは唯識派のヨーガの一側面を見るにとどめたい。「ヨーガ行派」ともよばれるこの学派のヨーガ行の要点は、つぎのような「三つのもののありかた（三性）」によって説明される。その三つとは、「他に依るもの（依他性《えたしょう》）」、「構想されたもの（分別性《ふんべつしょう》）」、および「究極的真理（真実性《しんじつしょう》）」である。

「他に依るもの」とは認識のエネルギー母体である。「他」とは認識の対象のことであり、「他に依る」とは、認識が他、すなわち対象をとらえてはじめて成立することを意味している。しかし、注意すべきは「他に依るもの」とは、むしろ対象をとらえていないエネルギー様態のことを指していることだ。対象がなければ認識は成立しないが、対象はそもそも存在しないと悟るのが、この学派のヨーガ行なのである。

こうした意味で「他に依るもの」という名称自体が、すでに「止滅させられるべき」運命にある。このことは「構想されたもの」の意味を考察することによって、いっそうはっきりするであろう。

対象が認識されると、かの母体の上に、対象のイメージが映し出される。このイメージによってわれわれはその対象が存在すると構想する。このように「他に依るもの」の上に映し出され、存在すると考えられたものが「構想されたもの」である。平たくいえば、認識された対象が「構想されたもの」である。対象が認識されたときには、「他に依るもの」と「構想されたもの」は、わかちがたくなっている。

「究極的真理」とは、「他に依るもの」において「構想されたもの」がなくなることである。つまり、対象をとらえないのである。対象はそもそも存在せず、対象が存在すると思うのは、認識が自己を見ているにすぎないのだと、この学派は主張する。すると、対象、つまり「他」をうしなった「他に依るもの」の存在にも変化がおき、やがてそれは智の光へと昇華していく。ここが唯識派のヨーガの特質である。

つまり、針の先のような微小な存在であろうとも、ともかく唯識派はエネルギー母体の断絶をのぞまない。何ものかが残るのである。『中論』との相違も、おのずとあきらかである。『中論』は智慧も何も残さない。

このような中観派と唯識派との相違は、「俗なるもの」の止滅によって「聖なるもの」が顕現するという構造をくずすものではない。しかし、この相違は仏教のなかにあって後世、無視できないものとなった。というのは、あますところなくすべてのものを一度は空性に導くという大前提が、唯識派のなかでは存在しないことになるからだ。

「俗なるもの」の否定の手をのがれる「残れるもの」が存在するということは、中観派の立場をあやうくした。しかし、何ものかが止滅されずに残るという立場は、その後の大乗仏教では、勢力を増していったのである。仏教のヨーガもまた、全世界を止滅させるというよりも、かの「残れる何ものか」を顕現させるという方向に進んでいった。

現観

「現観《げんかん》（アビサマヤ）」の行法は、日本ではほとんど実践されていないが、インド、ネパール、チベットの仏教では重要なものであり、一種のヨーガであった。それは名のしめすとおり、対象のすがた（形相）をありのままに見ることである。

現観の理論と実践体系は、般若経の註釈として発展したが、中観派との結びつきがある一方で、唯識派との結びつきも読み取れる。現観はすべての心作用の止滅というよりはむしろ心作用の活性化をめざす。現観の基本テキストである『現観荘厳論《げんかんしょうごんろん》』の成立は三、四世紀と考えられるので、すでにこの時代に仏教のなかで『中論』的方法とは異なったものが育っていたことになる。

「この花は赤い」とか「この花は美しい」とかいうように、われわれは対象――たとえば、花――に対してさまざまな述語を結びつける。そうすることによって花の特質をより正確に表現し、認識できると思うからだ。

現観の実践では、いわゆる述語を「形相（アーカーラ）」とよぶ。実際には微妙なちがいがあるが、いまは問題にしない。「赤い」、「美しい」のほかに花に対する述語は数多くある。それらの述語の体系を知ることは、花の特質を知ることである。しかし、「花」という主語に結びつく述語はほとんど無限だ。

無限の述語を素材にして、どのように「述語の体系」をつくることが可能か。これは不可能に近いことだ。さらに、主語は「花」のみではない。世界にある無数のものが主語となりうるのである。

だが、このくらいの困難さの前では、インドの哲学者たちはたじろがない。彼らは無数の述語を整理分類し、記憶可能な程度の数にまとめたのである。どのような対象が眼のまえにあらわれても、たちどころにその対象の特質を的確に表現することができるような述語——西洋の哲学者は「述語形態（カテゴリー）」という語をえらぶかもしれない——のシステムを、彼らはつくりあげたと自負するのである。もちろんそれはたんに理論のシステムであるばかりではなく、実践のシステムでもあった。現観も広義のヨーガなのである。

このような現観の理論・実践の方向が、竜樹の『中論』におけるそれとはかなり異なっていることは明白だ。『中論』においてはどのような命題もなりたたない。つまり、どのようなもの（主語）にもいかなる述語も成立しない。いっぽう、現観の体系においてはすべての述語が、したがって命題が成立するのである。すくなくとも形相つまり述語を否定しようとする努力は見られない。

「現観」とよばれている体験は『ヨーガ・スートラ』のいう三昧——心は空になり、対象ばかりになったような状態——を指しているのであろう。それでは現観のめざしたものはいわゆる有想《うそう》三昧（対象を有する三昧）の域にとどまっているのかという疑問も生まれるが、おそらくは現観のめざした目的が、『ヨーガ・スートラ』のめざしたそれとは異なっているのである。

現観のめざしたことは、対象をそのままのすがたに見ることであり、対象のイメージはこの場合には止滅させられるべき「俗なるもの」ではなく、「聖化」された世界のすがたである。このように対象のイメージを聖化する方法は、後世のタントリズムの方法と相通ずるものがある。事実、現観はタントリズムにおける重要な実践方法である観想法《かんそう》（成就法《じょうじゅ》）の基礎となった。

集中し統御するもの

以上、われわれは初期仏教における八定（四禅と四無色定）、大乗仏教における『中論』の空思想、唯識のヨーガ、現観を概観してきた。これらは心を集中させ、統御するというかぎりでは共通するのではあるが、心の作用を止滅させるその仕方、程度においては相違がある。

おおざっぱにいうならば、古典ヨーガの無種子三昧におけるように、心の作用の完璧な止滅にむかうヨーガと、現観のように対象のイメージを把握する心作用までは止滅させないヨーガとの、二種がある。

この方向のちがいの原因はあきらかだ。古典ヨーガにとって、心作用つまり原質《プラクリティ》は「俗なるもの」であり、霊我《プルシャ》のみが「聖なるもの」であった。ハタ・ヨーガにとって、最終的にはブラフマンへと帰一するにせよ、身体という宇宙はすでに「聖化」された場なのであり、ここでの現象はたんに止滅されるべきものではなかった。

初期仏教徒にとっては、霊我にいたることが目的ではなく、「定」によって「慧」をえることが目的であった。彼らにとって世界――欲界と色界――は「捨ててしまってもおしくないもの」であり、対象のイメージにたいするこだわりはまだない。『中論』は「空性は仮説」であるという。つまり、すべてのことば・思考を止滅させようとする竜樹は、空性を体得したあとは一転してことば・思考の世界をすくいとろうとするのである。

唯識派となると、彼らは認識のエネルギー母体（他に依るもの《パラタントラ》）を無にしてしまうことは容認しない。何ものかを残すのである。霊我とか神とかの存在を認めない仏教徒にとって、当然のことながら「聖なるもの」は内在的なるもの、つまり、われわれの認識エネルギーである。

そして、現観のヨーガとなると、対象の形相は止滅せずに「いきいき」とわれわれに迫ってくることになる。この変化は、仏教の歴史とも呼応するものであり、程度の差こそあれ、ヒンドゥー哲学の歴史とも関係するのである。

タントリズムの時代となると、ヨーガはますます対象のイメージにかかわるようになり、「聖なるもの」は内在化の方向をいよいよ進み、心の作用の止滅したかなたに「聖なるもの」が求められるのではなく、むしろ「心の作用」そのものが「聖化」されることになるのである。

4　マンダラとヨーガ

タントリズム（密教）

タントリズムは、ほかのインドの宗教がそうしたように、ヨーガを主要な実践法として取り入れた。しかし、その形態は古典ヨーガや初期仏教のヨーガとは、いささか異なったものとなった。われわれがすでに考察したハタ・ヨーガはタントリズム、とくにヒンドゥー・タントリズムの影響をうけたものであった。古典ヨーガとくらべて、ハタ・ヨーガにおけるほうがイメージへのかかわりははるかに大であった。「微細な身体」および大宇宙の構造図を思い描きながら、行者はヨーガを実践するよう要求される。

さて、この節では仏教タントリズムのヨーガのきわだった一側面である「マンダラ観想法」についてのべてみよう。ここではイメージをたもつことが重要であり、心の作用を止滅するべくはたらいたヨーガ行者のエネルギーは、いまやその方向を変えて、心の作用を活性化させ、眼前に仏あるいは神のイメージを産出する。そのイメージはやがてたんなる映像ではなくて「生きた現実の仏あるいは神」となるのである。ヨーガはいまや「心作用のある種の統御」ではあっても、「心の作用の止滅」ではない。精神集中は両者において必要とされるのであるが、心的エネルギーの集中させられるその方向が異なるのである。

なぜ、このような変化が仏教内に生じたのか。この理由を知るためには、仏教タントリズムの歴史の概略を知らねばならない。

タントラ経典

タントリズムはインドがヴェーダ——とくに『アタルヴァ・ヴェーダ』——の時代からもちつづけてきた宗教形態であるが、紀元後六、七世紀から急速に勢力を増大させ、仏教、ヒンドゥー教、ジャイナ教のいずれにも影響をあたえた汎《はん》インド的宗教運動となった。タントリズムは、祭式主義の要素を強め、土着文化を吸収し、神秘主義的色彩を濃くしていった。

元来は祭式には冷淡であった仏教も、紀元三世紀ごろからバラモン僧たちの儀礼を意識的に吸収し、新しいかたちの仏教――タントリズム――を形成していった。諸仏・諸尊への讃歌、供養祭（プージャー）の方法、祭壇のつくりかた、手印（ムドラー）の結びかた、諸仏の描きかたなど、主として「作法」を説く経典を成立させた。これらは後年「作《さ》タントラ」とよばれることになる。

七世紀ごろには『大日経《だいにちきょう》』が成立し、これによって仏教タントリズムが確立した。それまでは祭式は現世利益をえるものであったが、ここにいたって、マンダラ――これについてはのちに考察しよう――を用いた儀礼を「内化（精神化）」することに成功したのである。これは「行タントラ」とよばれるクラスに属する。

さらに七世紀後半には『金剛頂経《こんごうちょうきょう》』が成立した。この経典ではマンダラを媒介にしたヨーガによって悟りが達成され、「行タントラ」にくらべてヨーガ行法の重要性が増している。このクラスのタントラは「ヨーガ・タントラ」とよばれる。日本仏教でよく知られているのは以上の三つのクラスのタントラである。

インド、チベットでは第四のクラス「無上ヨーガ・タントラ」が成立し、これに属するタントラはすこぶる多い。いま、われわれはとりあえず第三、第四のタントラのクラスに「ヨーガ」という名称が用いられていることに注意しておこう。

仏教のパンテオン

仏教をひらいた仏陀は師であって、「神」ではなかった。すくなくともその初期においては、舟の船頭であって供物を捧げて祈られる「神」ではなかった。しかし、ときとともに仏陀のイメージは昇華し、人々は涅槃に入った仏陀のシンボルである仏塔（ストゥーパ）のまえで、花輪などを捧げて供養祭（プージャー）をおこなうようになった。

紀元後一、二世紀には『阿弥陀経』、『法華経』などの大乗経典が成立するが、そこに登場する仏陀はもはや「川岸に立つ舟の船頭」ではなく、「五色の雲の上の人」である。仏教徒たちは仏のみではなく、菩薩《ぼさつ》、明王《みょうおう》、天《てん》などの尊格のイメージをつくりあげ、六世紀ごろまでに仏教のパンテオン（神々の世界）を構築したのである。

仏陀が人間のすがたで表現され、ほかの尊格――菩薩、明王（護法神）、女神、群小神の像もつくられた。寺院において、あるいは各個人の家において、それらの尊像は作法にしたがって供養された。この作法を主としてあつかったものが、第一のクラスの「作タントラ」である。

第二のクラス「行タントラ」の勢力は増大しなかった。第三の「ヨーガ・タントラ」がのちのインド、ネパール、チベットにおいて基本的となり、第四のクラスもその延長上にある。

観想の核

さて、仏教徒は元来は自己の外に「神」の存在を認めない。したがって、本来は尊像などは必要ないのではないかという疑問が生まれる。もし像が必要ならば、自分自らの力で、つまり、精神集中によって、眼前につくりだせばよいではないか、と考える者たちがあらわれた。これは仏教的コンテキストのなかではもっともな道理であり、反対のしようがなかった。

単独の尊格、あるいはマンダラの精神的「産出」の方法を「観想法（バーヴァナー）」あるいは「成就法（サーダナ）」とよぶ。両者に微妙なちがいがあるが、いまは問題にしないでおこう。

観想法はひとえに行者の心のはたらきのみで眼前に「神」あるいは「神々」の「生きた」イメージをよび出すのであるが、最初の段階として、観想の「核」を設定する必要がある。ちょうど雪の結晶を人工的につくるとき、それによりかかって結晶ができるようなものを用意するように、観想法ではしばしば文字（文字真言）をもちいる。

たとえば、「ア」というサンスクリット文字（梵字《ぼんじ》）を行者の心臓の位置に想い、その文字を月輪に変化させ、さらにその上に自分がこれから観想しようとする尊格のシンボル文字（種子《しゅじ》）を想う。それぞれの尊格に定められたこの文字をよりどころとして、尊格の観想がおこなわれるのである。

観想の順序

伝統的にも観想の順序に二通りの方向が考えられてきた。つまり、上部（頭部）から下部（足あるいは座）へと向かう方向と、その逆とである。仏や神などの観想は前者の方向でおこなわれ、人間（師）の観想は後者の方向でおこなわれる。この二方向は、タントリズムの観想法にかぎったことではなく、古くからサンスクリット文学のなかで神や人を描写する場合にも見られる。

こうした観想法の伝統は、チベットやネパールの仏教に残っている。チベット僧ゲシェラプテン氏は、一九八〇年、ドイツのハンブルクで観音菩薩の観想法について一週間の集中講義をおこなった。

氏は、観音が頭上に自らの属する族（クラ）の主である阿弥陀仏の「化仏《けぶつ》（頭上に置かれる小像)」を戴き、慈愛に満ちた顔をしており、手に蓮華を持つ、といったように描き出すべきイメージを上から下へとキャンバスに絵を書くように説明された。わたしの記憶にとくに残ったことは、その観想法が「ヨーガ」——チベット語では「ネージョル」——とよばれていたことだった。

マハーカーラの観想法

ネパールのカトマンドゥ盆地に住むネワール人たちに、インドから伝えられた大乗仏教が残っているが、彼らのあいだにも観想法の伝統が伝えられている。図15a〜eは、そうしたネワールの伝統をつぐ絵師がマハーカーラ(大黒)の観想法のしだいを描いたものである。「マハーカーラ」は「大いなる黒き《マハーカーラ》者」を意味し、「カーラ」は時、死神をも意味する。日本の大黒——大国主命と混同されている——とちがって、おそろしき行相の護法尊《ごほうそん》であり、カトマンドゥ盆地では人気がある。

観想者は、まずマハーカーラのおぼろげなすがた全体を思いうかべる(図15a)。そして上部から四部分にわけて観想するという。興味深いのは、最初の四分の一を観想した段階(図15b)を「第一ディヤーナ(瞑想、静慮)」とよび、順次に「第二ディヤーナ」(図15c)、「第三ディヤーナ」(図15d)、「第四ディヤーナ」(図15e)と

a．

b．第一瞑想

c．第二瞑想

d．第三瞑想

e．第四瞑想

図15　マハーカーラを観想する順序

よんでいることである。

ちなみに、図16ａ～ｅは人間を観想する場合であり、下部から上部へとむかっている。この場合でも、図に見るように第一から第四までの瞑想がある。

このように観想されたマハーカーラに、人々は花や線香を捧げて供養する。特殊な行者でなくともサンスクリット文字の読める一般の僧侶も簡単な観想はおこなうのである。供物は心のなかで思いうかべたものでもよいし、実像でもかまわない。その人がどのような場所、状況にいるかによるのである。眼前にあらわれた尊格に供物を捧げて礼拝するにとどまらず、タントリズムにおける実践が一段ときわだったものとなることがある。

すなわち、眼のまえに立つ尊格は、じつは私自身なのである、と観想し、「一体となる」のである。むしろ、後者のケースのほうがタントリズムにおいては進んだ段階と考えられた。マンダラ観想法も後者の種類の複雑なものである。

そして、われわれにとって重要なことは、尊格を眼前に「産出」して供養し、「神が帰るのを見送る」にせよ、あらわれた「神」と一体となるにせよ、それは「ヨーガ」とよばれることだ。いったい、仏陀はこの「発展」を予期しえただろうか。

d．第三瞑想

a．

e．第四瞑想

b．第一瞑想(ディヤーナ)

c．第二瞑想

図16　人間を観想する順序

マンダラ観想法とヨーガ

「金剛ターラー観想法」（『観想法の花環』九七番 G・O・S版）は、マンダラの立体的構造を説明している数すくない観想法の一つである。

これによれば「法源（ダルモーダヤー）」とよばれる、世界がそこから生ずる源泉を観想する。それは無限の大きさの逆三角形――女性の性器の形――であり、白くかがやいている。このなかに世界の土台である四大元素（地・水・火・風）が「産出」される。

結論のみを書くと図6（115ページ）とは逆に、地、水、火、風の順序で――つまり、重いものほど上になるように――上から下へ積まれる。諸元素のこのような積みあげの構造は、ハタ・ヨーガの「微細な身体」において――第五元素「空」は見あたらないが――見たものと逆の順序である。

これらの四元素の上にメール山（須弥山《しゅみせん》）がそびえ、その頂上には巨大な蓮華が咲いている。その花の中央に「四角形で、四門を備え、四つのヴェランダに囲まれ、四つのトーラナ（鳥居）に飾られた」楼閣がある。その屋根は透明で、なかの住人たち――「金剛ターラー観想法」では女神金剛ターラーと彼女をとりまく侍女たち――を見ることができるのである（図17）。つまり、マンダラ図とはメール山の上空から撮

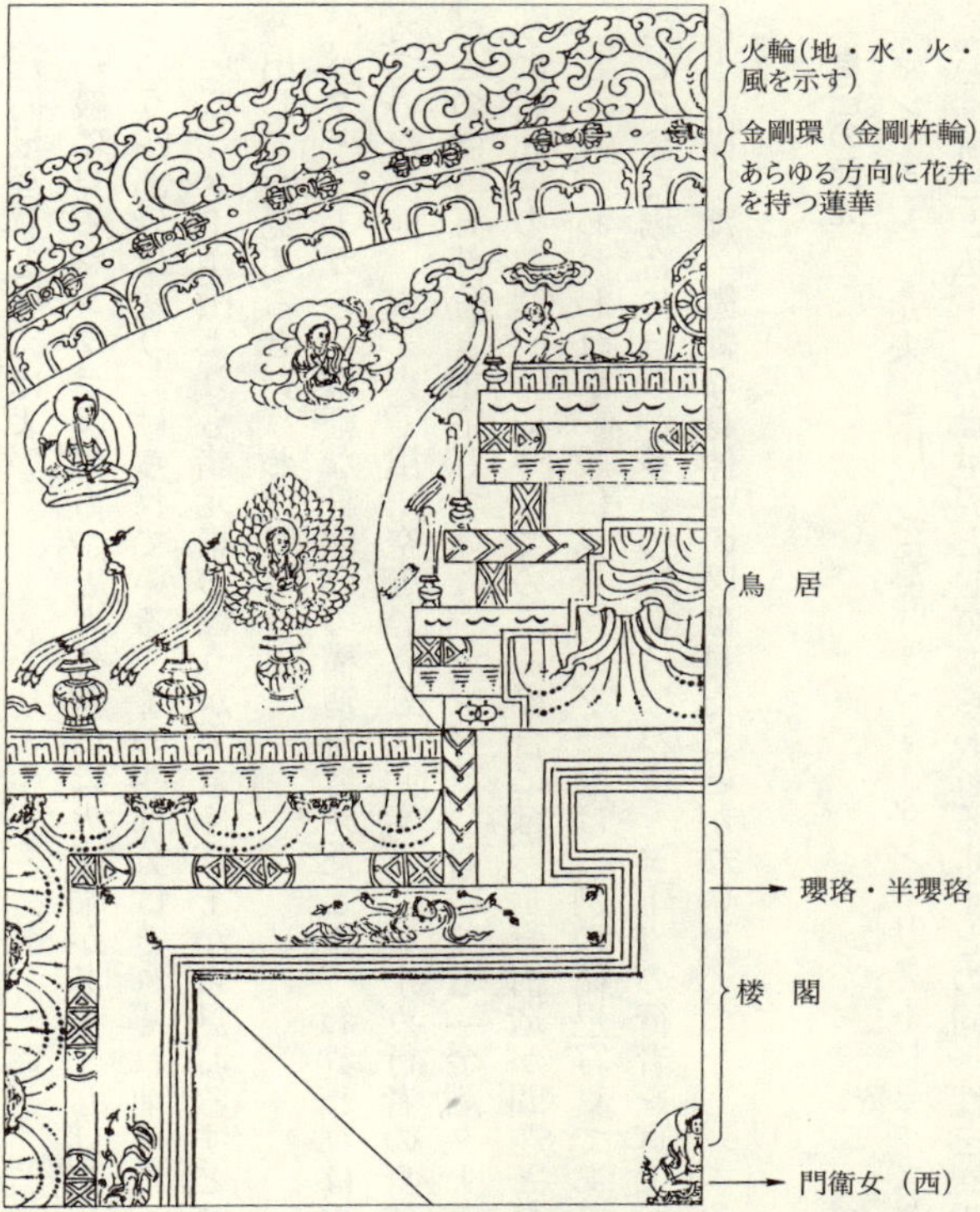

図17　金剛ターラー・マンダラ（部分）（*A New Tibeto-Mongol Pantheon.* Part 12, No.16, Raghu Vira and Lokesh Chandra: 1967, New Delhi.）

った衛星写真と思えばよい。

一般に見るマンダラ図のもっとも外側には火炎輪があり、しばしば黄、緑、赤、青という四部分に塗りわけられている。この四部分はそれぞれ地、水、火、風を意味している。メール山よりも諸元素のほうが大きく、上から見おろすとメール山より「はみ出して」見えるというわけだ。

ハタ・ヨーガの「微細な身体」の構造を考えたとき、われわれは垂直的な構造を考えていた。地、水、火、風、空という五大元素は、ヨーガ行者の身体の下部から上部へとのぼる五部分と相応していた。マンダラにおいても「金剛ターラー観想法」のように諸元素の「産出」についてのべる場合には、垂直構造が問題となる。

しかし、われわれが一般に見るマンダラ図は、例の衛星写真であり、世界を水平的にとらえた場合のほうが多いのである。ハタ・ヨーガの行者を真上から――頭の上から――描いた「微細な身体」の図は見たことがない。

自己の発見

マンダラとは元来、「円」を意味するが、タントリストにとっては自己と世界、あるいは自己と仏――仏は世界としてあらわれる――との同一性を観想・体験するための手段である。ハタ・ヨーガにおける「微細な身体」の図が仏教タントリズムにおけるマンダラに相応するのである。

ハタ・ヨーガでは世界が身体のなかにもちこまれ、マンダラでは身体が、あるいは行者自身が世界のなかへともちこまれているというちがいはある。だが、これをヒンドゥー教と仏教タントリズムのちがいと考えてはならない。なぜならば、いわゆるハタ・ヨーガ的行法は、紀元八、九世紀ごろにはすでに仏教タントリズムのなかで完成されていたからである。つまり、仏教タントリズムは「中央の気道」に「気」を送りこむかの行法とマンダラ観想法をともに有していたのだ。

十三世紀ごろに大乗仏教がほろんだのち、ヒンドゥー教はマンダラ的観想法をもわずかに残したが、ハタ・ヨーガの行法により多くの努力を注いだのである。

心に描かれた図

今日われわれが「マンダラ」と聞いて一般に思いうかべるのは布あるいは紙に描かれた図であろう。だが、マンダラとは本来は心に描かれた図なのである。第四のタントラ・クラスに属する『秘密集会《ひみつしゅえ》タントラ』によれば、行者は砂の上に坐り、まわりに綱を張る。この綱がマンダラの周囲となる。外見上はこれのみであり、あとは行者が心のなかにマンダラ世界を「産出する」のである。行者はまずマンダラ中央に一人の仏を生む。

この仏は東西南北に四仏を分身として生む。仏たちはそれぞれ特定の印を結び、特定の色彩にかがやく。さらにこの男の仏たちの横に四人の女神が壺や花をたずさえながら配偶者として南東、北東、北西、南西に坐る。この仏と女神の輪の外部には多数の菩薩が坐る。

このようにマンダラは仏や菩薩たちの住む町であり、その町は四方に門があり、それぞれ護法神によって守られている。われわれが通常見るマンダラの絵は、すでにその精神的産出の作業が終ったものを布などに描いているのである。

マンダラに幾何学的に配列されている仏たちは、それぞれ世界あるいは身体の構成要素のシンボルである。中心の五仏は身心の構成要素である五蘊《ごうん》をあらわす。すなわち、色彩・形などの「色」、寒・暖の「受」、四足（獣）・無足（蛇）・二足（人間）などという観念すなわち「想」、記憶・意欲の「行」、眼識・耳識などの「識」が五仏のそれぞれに配当されている。四女神は身体および世界の構成要素としての四界（地・水・火・風）をあらわす。骨や筋肉などは身体の地界、血や汗は水界、体熱は火界、呼吸などは風界であり、いっぽう、地・水・火・風は自然界の構成要素である。

砂の上に坐ってこのような世界を創造する行者は、だれも実際には見ることのできない全宇宙の創造を、非常にみじかい時間に自己の内部で精神的におこなう。世界を創造し終ったあと、行者は眼前に存在させた全世界を自分の鼻先にケシ粒ほどの微小なものにまとめる。つまり世界全体が行者個人に収め取られるのである。この全体から個への移行が終ったあとには、さらに個から全体へという逆の運動がおこなわれる。すなわち、鼻先のケシ粒に収められ圧縮された世界はふたたびもとの世界にもどっていく。

以上のように、マンダラを産出することによって、修行者は自己と世界、あるいは仏との同一性を観想するわけである。

こうしたマンダラ観想法とハタ・ヨーガとが、同種の構造をもっていることはあきらかだ。いずれも大宇宙と小宇宙との相同性・同一性を軸にした実践形態である。ヒンドゥー教と同様、仏教においても世界と個との関係がタントリズムの時代にはとくに重要な問題となった。ヨーガはマンダラという媒介をもちいつつこの世界と個――大宇宙と小宇宙――との関係にかかわったのである。

5 禅

禅のめざすもの

初期のヨーガ、バクティ・ヨーガ、さらにインド仏教におけるヨーガの展開を見てきたが、ここで中国、韓国、日本を中心にひろまった禅について考察しておきたい。禅はわれわれ日本人にはなじみの深いものであるが、これは一種のヨーガであるばかりではなく、初期仏教のヨーガ、古典ヨーガと基本的には同じものをめざしている。

「禅」とは「ディヤーナ（静慮）」のなまったかたちである「ジャーナ」が、中国において音写されたものだといわれる。もっともこの場合の「ディヤーナ」は、『ヨーガ・スートラ』のヨーガの八階梯の第七のみを指すのではなくて、それより上位の階梯をも意味するように広義にもちいられている。

禅は梁《りょう》の武帝の時代に菩提達摩（ボーディダルマ）によって伝えられたといわれる。大きな目のダルマ人形は彼が坐禅をしているすがたをうつしたものだ。目を見ひらいて禅定に入るとは思えぬが、それはともかくとして、禅は中国において発展した。禅の起源はインドにあるが、禅が中国人の思惟方法に沿ったものであることはあきらかである。

インド人の思考は論理的だ。古代において論理学の体系を発展させたのはインドとギリシャのみである。ヨーガが論理、理性、ことばといった人間の思考力を超えたものを究極的にめざしていることは、すべてのインド人が知っているのであるが、そのことを説明するためにインド人は論理と理性をもちいる。

だが、中国にはインドやギリシャにおけるような論理体系の発展の歴史はない。中国人はそれほどの論理整合性を自分たちの生活のために必要としなかった。中国人はおびただしい数の仏教典籍を漢訳したが、そのなかで論理学、認識論に関するものは、おどろくほどすくない。論理学の体系を発展させなかったという事情は、日本の場合も同様である。

ちなみに、チベット人たちは議論好きであり、論理学が好きである。チベット人たちは仏教の論理学、認識論、さらには先にのべた現観について、驚歎するほどの数の註釈書を残している。論理学や認識論の側面のみではなく、宗教実践の階梯についても、インド仏教の考えかたとチベット仏教のそれとは非常に近いのである。

ことばを捨てるもの

禅は論理の体系、知識の整合的な積みかさねを必要としない。インドやチベットのヨーガ行者は、ことばと論理とが究極的には捨てられるべきものであることを知りつつも、可能なかぎりことばと論理による説明をやめようとしない。禅師たちはインド・チベットのヨーガ行者とはまったく異なった道をあゆむ。つまり、ことばと論理とをはじめから捨ててかかるのだ。

ことばや論理を捨てるというかぎりでは、ヨーガも『中論』の空思想も同一である。しかし、どのような道をあゆむかという問題は、たんに手段の問題にとどまらず、目的あるいは結果の内容とも密接にかかわることになる。

禅は大宇宙と小宇宙の相同性に関するシンボリズムをも必要とせず、修行過程にあらわれるさまざまな精神・生理学的な兆候——たとえば、特定の夢、色のついた光、発熱——にもとりあわない。いわゆる修行階梯のなかで自分がいまどこまできたのかなども問うてはならない。ふりかえる余裕はないのである。

「片手の音とは何か」と禅師は問う。両手を打ち鳴らしてはじめて音が出るのであって片手では音は出ない。それはわかっていてそのように問うのである。つまり、われわれの日常の言語活動を捨てよと迫るのである。インドのヨーガの師たちが順序を追いながらことばで説明しようとするのにくらべて、禅師たちの指導は一見、不親切にも見える。しかし、それが禅の方法なのだ。質問している弟子を突然、打ったり、水を浴びせたりする。それはことばとはちがった方法でものを見よという意味の指導なのである。

宗教体験の過程を意識的に踏んで行かないのであるから、禅のほうがヨーガよりもみじかい期間で「悟り」にいたるというわけではない。同じ理由で——つまり、弟子は順を追って導かれることはないので——より多くの時間がかかるかもしれない。もっとも禅においても「十牛図（牛と牧童との位置関係や牛の色によって宗教体験の深化の過程を示した十枚の絵）」などに見られるように、体験の深化の過程が問題となることはある。しかし、それがインドやチベットにおけるように一つの哲学的体系へとつくられていくことはなかった。中国人、さらには日本人は、「不得手な哲学体系の構築」は避け、得意とする直観——ときには情感——に頼らざるをえなかったのである。

世界を意識しない世界

幼児は世界のなかにありながらも世界を意識しない。花を見ても、「この花の名はハイビスカスだ」などとは考えない。「花」で充分なのである。いや、「花」とさえも思わない。「花」という観念、あるいはことばも必要ない。ただその「美しさ」——「美しさ」という観念もない——を心に映すのみである。「心に映す」必要さえない。幼児とハイビスカスがあればよい。否、それもなくてよい。その幼児にとって自分は「幼児」ではなく、ハイビスカスもその名称を必要としない。

ところで成人になると世界を対自的に——つまり自分にむかってあり、自分とは異なるものとして——見るようになる。「ハイビスカス」にはこんなにも種類があり、世界のどの地域に分布し、インドのマハーラーシュトラ州では「ジャースバンディ」とよばれるなどと知るようになる。やわらかな花弁を傘《かさ》のようにすぼめ、ときがくると花弁を丸くひらききる。濃緑色の葉のしげみのあいだから赤や黄の花をゆらすさまは美しさのかたまりだ。

しかし、ハイビスカスについて知れば知るほど、そしてその花の美しさを味わえば味わうほど、不可解なあせり、むなしさ、うつろな気持が迫ってくる。それらはその花についての知識の不足から生まれてくるものではないし、より多くのハイビスカスを見ることによってなくなる種類のものではない。そのあせりやむなしさの原因は、わたしとハイビスカスが別のものであることを知ってしまったことなのである。つまり、自分は世界のなかにあり、世界と自己とは別のものであることを知ったがために、むなしさがこみあげてくるのである。

ではどうすればよいのか。「ハイビスカス」という名称もわすれ、どこに分布するかなどという知識も捨て、「美しい」と思うこともやめ、「わたしが〔　〕を見ている」という意識を持つこともやめてみる。

すると、かの花は——そして、花のみではなく世界全体が——そのすがたのままにそこに存するのである。「花」という語も「存する」という語もいらない。すみきったエネルギーの波動のなかに息づくのみである。これが禅の求めるものだとわたしは考える。

禅のなかでイメージがどのようにあつかわれたかは、複雑な問題である。道元《どうげん》が禅のなかにイメージを残すのを拒否したことはよく知られている。栄西《えいさい》の場合には、道元におけるよりはイメージに対するかかわりの度が強いように思われる。

いずれにせよ、禅の求めるものは『ヨーガ・スートラ』の求める三昧に近いものであると思われる。すくなくとも後世のタントリズムにおけるような、イメージの精神的産出に努力するようなものではなかったであろう。

第六章　ヨーガの求めるもの

超能力とヨーガ

ヨーガの実践は超能力を生むといわれてきた。透視能力とか、空中にうかぶ能力とか、死者をよみがえらせる力といった超自然的能力が、ヨーガの完成した証《あか》し（シッディ、成就）と考えられたことがあるのは、歴史的事実だ。ジュニャーネーシュヴァラが自分たち兄弟をさげすんできた村人たちを畏怖《いふ》させたのは、ほかならぬシッディの力によってであった。

超能力の獲得を重視する傾向は古くからあったようで、たとえば『ヨーガ・スートラ』の約四分の一の量が、ヨーガの実践の結果としての超能力の説明にあてられている。『ヨーガ・スートラ』自身が、超能力をえた段階で満足してしまってはならないと忠告しているにもかかわらず（三・五〇）、そんなにも多くのスートラを超能力の説明にあてたことは、『ヨーガ・スートラ』が編纂《へんさん》された当時、すでに超能力に対する「人気と要求」があったと考えざるをえない。ハタ・ヨーガにあっては、古典ヨーガにおけるよりもいっそう、超能力の獲得および健康法に対する関心が増したようである。

程度の差こそあれ、いわゆる超能力の持主がこの世界に存在したとしてもおかしくない。生物の身体には、まだわれわれが充分に解明できていないエネルギーのメカニズムがたしかに存在する。

一例をあげるならば、「気功術」とよばれている術のエネルギーである。両手のあいだにテニス・ボールが入るほどの空間をつくると、両方の手のあいだには動物的磁気が感じられる。その空間を小さくしたり大きくしたりするごとに、糸を引くような、あるいは磁石の両極が引きあうような力が感じられる。

これは特殊な素質をもつ人にのみではなく、普通の人のあいだにもしばしば見られる現象である。このエネルギーが巨大な人は他人の病気を治療できるといわれている。ヨーガ的訓練がこの種のエネルギーを増大させるに役立つことも事実であり、身体を流れるこのような磁気の開発とヨーガの行法とがどこかで出合っていたということは、充分考えられることである。だが、いずれにせよ、ヨーガの伝統にとって根本的なことは、超能力などはあくまで副次的なものであるということだ。

自己透徹性とヨーガ

ヨーガの行法は醒《さ》めたものだ。行者は三昧《さんまい》に入っていても自己をうしなわない。ゆえに、ヨーガは自己催眠でもなければ、憑依《ひょうい》でもない。後者の状態に入ったものはそれ以前のことを覚えていないし、ふたたび平常の状態にもどったときには憑依のときの意識状態について原則として覚えていない。

だが、ヨーガにはつねに自己透徹性がある。つまり、三昧の状態に入るまえと入ってからの状態には、「同一の自分である」という意識が連続して存在するのである。この自己連続性こそ、個人的宗教実践としてのヨーガの本質である。

自己をたもちながら、ヨーガは自己を統御《とうぎょ》する。『ヨーガ・スートラ』とか初期仏教の「入定《にゅうじょう》」というようなヨーガの初期的形態では、心の作用は統御というよりはむしろ完璧な止滅《しめつ》へとむかわせられる傾向が強い。

行者はひたすら「寂滅（ニヴリッティ）への道」を進み、「俗なるもの」——人為——の否定のかなたに「聖なるもの」の顕現を待つ。否、その待つ心すらおこしてはならない。ほんのささいな「うぬぼれ」もなく、「はからい」もなく、行者は眼前にひろがる「静寂の海」のなかへと飛び込むのである。

自律性の完成

われわれは日常、刺激のなかにいる。音楽や騒音を聞き、映像や活字を見て、道具にふれ、食物を味わっている。われわれの感官や神経は、ほとんど休むことを知らない。ところで、これらの刺激から人間を一定期間、隔離すればどうなるのであろうか。最近の心理学ではそのような実験がおこなわれているようだ。

心理学者辻敬一郎氏（名古屋大学名誉教授）によれば、「刺激を削減していくにつれて、大脳皮質の活性化が弱まり、意識水準が低下する。単調感が全身をおそい、情緒不安、思考の混乱・退行がくりかえされる。意欲は減退し、暗示にかかりやすくなり、知覚錯誤、さらには幻覚体験をするようになる。脳波は徐波化し――つまり、波がゆるやかになり――、アルファ波の周期の延長が見られる。もちろんこれらの変化は一過性だ」とのことである。

たとえば、いまわたしが防音された暗黒の部屋にラジオも何もなく、わずかに命を長らえるのみの食物だけを入れてもらって、一週間いたとしよう。いまのべた心理実験の一般的観察の証例を一つふやすだけであろう。

だが、しかし、ヨーガ行者はそうはならない。彼の脳にはアルファ波が出てくるかもしれないが、一週間、あるいは一ヵ月でも彼はすみきった光のなかにしずかに息づくのである。

カトマンドゥ盆地の周辺には、かつての大行者たち――蓮華生（八世紀）、ナーローパ（十一世紀）など――がヨーガをしたと伝えられる石窟が残っている。彼らはわずかな弟子などとの接触をのぞけば、ほとんどひとりで瞑想のなかに住んだといわれる。月の光のない夜などはまったくのくらやみであったろう。

しかし、彼らは思考の混乱・退行などの兆しを見せなかった。これは、まさにヨーガのもつ力のゆえである。ヨーガ行者はこの生体そのもののなかから、外からの刺激によってではなく、統覚の自律性を完成させるのだ。

眼下の海に身を投げよ

ジュニャーネーシュヴァラは二十一歳という生理的、肉体的欲動のもっともはげしい時期に、自らの決断によって――彼がそのように行動するよう作用した周囲の事情はあったにせよ――入定した。彼はうたがいもなく例外者だ。今日のわれわれから見れば異常者だったといっても過言でない。

彼はわれわれが見るものを見たり、聞くものを聞いたりはしていなかった。その意味で彼はたしかに異常だった。だが、彼のほうが見るべきものを見て、聞くべきものを聞いていたかもしれない。

二十一歳の若さで「永遠の三昧」に入ることは例外者のみに許されたことだろう。だが、われわれは遅かれ早かれ、すべてのものがただひとりで「永遠の眠り」に旅立たねばならない。この運命に例外はない。とすれば、われわれもいつか光もなく、食物もなく――食を取ることもできず――だれの声も聞こえない場に立たねばならない。

永遠とは途方もなく長い時間ではない。どれほど長くとも時間は時間であり、それは永遠ならざるものである。永遠は時間の割れ目にこそある。逆説的ないいかたが許されるならば、永遠は瞬間のなかに存在する。ヨーガが世界を止滅させることによって求めようとするのは、この「非時間」――瞬間のなかにある永遠――に接することだとわたしは思う。

かのマハーラーシュトラの聖者は、時間の割れ目から顕現した神ヴィシュヌのすがたを「瞬間のなかに」――つまり、永遠の相のなかに――見ていたにちがいない。われわれは「暗黒の石室」のなかで、五感のすでにはたらかなくなったとき、いったい何を見て、何を聞くのか。ヨーガはただ道をしめして、命ずるのみである。「古き衣をぬぎすてて、眼下の海に身を投げよ」と。

無意識を統御するヨーガ

現代のわれわれには不必要な刺激が多すぎる。われわれをとりまく刺激の何割かは、「健全な生存」のためには不必要なものであろうし、幾年にもわたって積みあげられてきた刺激は、潜在意識のなかに楔《くさび》を打ちこみつづける。

われわれの体調や精神状態が自分の意識、あるいは意志とは別のものによって支配されていることを、しばしば思い知らされる。自分が自分として生きているのは、生まれて以来の——おそらくは、わたしという個体が生まれる以前の太古の時代から——意識よりいっそう深いところに積みかさねられてきたものによってつき動かされているからだ。一人の人間の無意識の世界は、その人間が自分であることを証明する証左の蔵である。ヨーガは、意識にのぼった心の作用を統御する技術であることはいうにおよばず、無意識の世界にもおりて行き、それを調整・支配する技術である。『ヨーガ・スートラ』において「対象のある三昧（有種子《うしゅし》三昧）」の段階から「対象のない三昧（無種子《むしゅし》三昧）」へと進むのは、この無意識の作用をも統御しようとしたからにほかならない。ハタ・ヨーガの「微細な身体」においてはとくに第二のチャクラ「スヴァ・アディシュターナ」が無意識の世界と関係していた。

「俗なるもの」の止滅のかなたは、たんなる虚無なのか。行者は自分の進むかなたに目的があることをのぞんではならない。まさに『ギーター』がいうように「果報を望まず、義務のみを遂行する」のである。しかし、ヨーガ行者自らはのぞんではならないが、ヨーガは行者に目的地を約束している。これは矛盾ではなく、ほとんどすべての宗教に見られる「実践の論理」なのである。「人が神を愛するのではなく、神が人を愛するのである」。

ヨーガのめざすもの

ヨーガのめざすものとは何か。これはそれぞれの宗派、学派のめざすものによって異なる。くりかえしてのべてきたように、ヨーガは、インドおよびそれに影響をうけた地域の宗教がめざすさまざまなものをえるための手段であったからだ。

ただ、ヨーガの歴史を見わたすとき、われわれはヨーガが求めたものの変化の傾向を見ることはできる。すなわち、ヨーガが心の作用あるいは世界の止滅にむかうよりも、むしろそれらのイメージをくっきりとうかびあがらせ、かつては「俗なるもの」として否定したものを「聖なるもの」として肯定する側面が強くなるのである。

「ハタ・ヨーガは結局はラージャ・ヨーガ（古典ヨーガ）の準備である」といわれる

ように、「止滅型のヨーガ」が主要なものであることを認めつつも、人々は対象のイメージにこだわるようになる。

マンダラは、このようなイメージにこだわる傾向の頂点である。仏教タントリストたちは仏教の伝統にしたがって、「世界は空である」と観想法の過程のなかで瞑想することを忘れないが、マンダラ観想法の力点が、世界の構造およびその構成要素のイメージにあることはあきらかだ。イメージへのこだわりは現象世界へのこだわりであり、古い時代には「俗なるもの」として止滅させた世界をむしろ「聖なるもの」として救わねばならなくなったことを意味している。

「自己空間」の発見

われわれは日常の繁雑さにとりまぎれて眼前にひろがる世界をあらためて見なおすことをしない。だが、日常の生活のなかにあっても、ときとして夕焼けの美しさや雲の造型の見事さ、ふくらんだ桜のつぼみ、あやしく光る昆虫の背などを、あらためてながめやることがある。

このような発見は、雲や樹といった自然物に対してのみおきることではない。親子や夫婦の間でも、突然、それまでは気のつかなかったような事柄を発見することがある。ほんのささいなしぐさが二人の人間の運命を変えることもしばしばである。このような事件は、「世界の発見」であるとともに「自己の発見」でもある。

自分の周囲に見られる「小さな世界」の発見にとどまらず、自分に近い人間との関係をも超えて、われわれは全世界を「発見」する。この世界はすばらしい音楽的リズムを有し、あざやかな絵画的色彩を帯びたコスモス（秩序世界）として顕現してくる。そのコスモスはオーケストラの演奏のように瞬間瞬間に変化しつつも、均整のとれた統一体として響いている。

そのようなコスモスが顕現するとき、われわれは自己の心理空間――わたしは「自己空間」とよぶ――が、いつのまにか巨大なものとなり、この世界ほどにひろがっているのを知る。つまり、「自己空間」が世界そのものと重なるのである。そして、それは新しい自己のすがたである。もっともそのような体験は瞬時のものであり、長時間つづくものではない。だが、自己はかの瞬間の体験をけっして忘れない。これがわたしのマンダラ・ヨーガである。

ヨーガのエネルギー

心の作用をどこまでも止滅させようとする方向と、心の作用を活性化させようとする方向とが、ヨーガの伝統にはある。この二つの方向は相反するかのようである。だが、この二方向は矛盾するものではなく、統一させられるべきものである。また歴史的にもそのような努力がはらわれてきた。

心の作用を止滅させる場合は、「俗なるもの」の止滅によって「聖なるもの」の顕現を求める場面であり、心の作用を活性化させる場面は、「俗なるもの」が「聖なるもの」の力によって「聖化」される場面である。「俗なるもの」の止滅（否定）と「聖なるもの」の顕現、「聖なるもの」による「俗なるもの」の「聖化」の三つのすべてにヨーガはかかわる。

ヨーガは宗教実践——行為エネルギー——の通路なのである。

原本あとがき

「ヨーガの哲学」について書かないかというお話しがあったとき、お引き受けするかどうか迷った。というのは、第一に、ヨーガは哲学を拒《こば》んできた宗教実践の方法であり、哲学ではないからだ。「ヨーガの哲学」というタイトルは、すくなくともそのときには自己矛盾的とさえ思えた。そのようなテーマについて書くのは非常に難しい。第二に、そしてこのほうが第一の理由より重要なことなのだが、わたしはヨーガを専門の研究分野としてきた者ではないし、ヨーガの実習をしている者でもない。

だが、インドの宗教からもしヨーガを除くならば、護摩《ごま》（ホーマ）と供養祭（プージャー）しか残らない。ヨーガこそインドの人々、さらには彼らに影響を受けた人々が「精神的至福」を求める際にしたがったもっとも基本的な方法であることはあきらかだ。

インドの宗教を理解するためにはヨーガを避けることはできない。仏教もふくめたインドの宗教が、今日の世界に宗教的意味を有することができるとすれば、それは主としてヨーガがあたえうるものであろう。

このように考えて、ヨーガに哲学があるか否かはともかくとしてお引き受けすることにした。案の定、「ヨーガの哲学」の視点はなかなか見つからなかった。

インドの思想史においてはバラモン正統派と非正統派との抗争がつづいたのであるが、ヨーガはそのどちらにとっても重要な実践方法となった。ヨーガは本来的には方法なのであって、それ自体が確固とした理論体系を有していたわけではない。しかし、書いていくにつれてヨーガははじめから「インド哲学」の核心を突いていたのだという確信をもつにいたった。バラモン正統派の哲学にせよ、非正統派の哲学にせよ、ヨーガはその両者の反目を難なく呑みこんで、インドが求めた「根源的統一への帰一」にひとびとを導いてきたからだ。したがって、「ヨーガの哲学」という視点は充分的を射たものだといまは確信している。

今年（一九八八年）の七月十一日よりネパールのカトマンドゥ盆地に滞在している。市の東端のパシュパティナート寺院の周囲にはヨーガ行者たちのすがたが見られ、カトマンドゥ市に南接するパタン市の仏教寺院にはマンダラを描いた銅版が見られる。このほかにもこの盆地には、ヨーガ三千年の歴史を感じさせるものが多い。それらが「肌」に迫ってくるのが感じられるのだ。

わたしのヨーガ実習は『ヨーガの哲学』に追われた、ということもあってまったく進んでいない。だが、このごろしばしば気がつくことがある。それは音や色や形がこれまでにない新鮮さで迫ってくることだ。犬の鳴き声や子供たちが遊ぶ声、道の草や人間の顔にも、まるではじめて見るもののように驚くことが多い。いままでは頭と理論で考えていたが、このごろわたしは「皮膚」で考えるようになっている。――しかし、三昧《さんまい》はまだはるか彼方にあるようだ。

本書を書くにあたっては多くの著作から学ぶことができたが、とりわけ佐保田鶴治『ヨーガ根本教典』（平河出版社、一九七三年）を参考にさせていただいた。ここに記して感謝の意を表します。エリアーデ『ヨーガ』（一）（二）（拙訳、せりか書房、一九七五年）は、わたしのヨーガの知的理解の基礎となっている。

本書のなかで用いた線画はすべてカトマンドゥのガウタマ・ラトナ・バジュラーチャールヤ氏に依頼したものである。ただし、図2〜4はAlain Danielou, *Yoga, the Method of Re-Integration*, University Books, New York, 1955にあるものを参考にしている。図8〜13はArthur Avalon, *The Serpent Power*, Dover Publications, New York, 1974 (reprt.) のなかのものにもとづいている。図14はJean Varenne, *Yoga and the Hindu Tradition*, The University of Chicago Press, Chicago and

London, 1976にあるものにもとづいている。わたしの無理なお願いをこころよく引きうけてくださった氏に心より感謝いたします。

講談社の渡部佳延氏には、この書のはじまりから舵取りをしていただいた。氏の助言がなければ途方もない方向に行ってしまっていたと思われる。厚く御礼申しあげます。

本書がヨーガに興味を持つ人々にとって何かの役に立つようにと、祈るばかりである。

一九八八年八月二十日　カトマンドゥにて

学術文庫版あとがき

『ヨーガの哲学』（講談社現代新書）は一九八八年に出版されたので、もう四半世紀前のことだ。今回、講談社学術文庫として再版されることになった。ありがたいことである。

あらためて読んでみたが、わたしが四十代半ばに考えていたことが並んでいる。今、ヨーガについて書け、といわれても、おそらく同じような内容となる、と思う。ということは、わたしに進歩がなかった、ということなのか。いささか悲しいことである。

ヨーガの理解は簡単ではない。それはヨーガ行者ではない者が、ヨーガについて述べているからでもあるが、それのみではない。

本文（91ページ）にも書いたが、ヨーガ行者はことばを超えたものを体験しようとする。だが、ヨーガの階梯を進んでいく際には、ことばが必要となる。ことばに依らなくては、ヨーガの実践者が自らの状態を省みることも、師の説明を理解することもできない。

禅もヨーガの一種と考えられるが、禅寺ではことばは不要だ、と考える人がいるかもしれない。だが、たとえば、言語中枢の障害によってことばを理解できなくなった人は、禅の修行をすることはできないのである。

にもかかわらず、あるいはそれだからこそ、ヨーガではことばを超えたものが求められる。それは自己矛盾にほかならない。そのことはすべてのヨーガ行者が知っていることだ。またこの種の自己矛盾はヨーガにかぎったことではない。仏教誕生から紀元前後までのインド初期仏教、それ以後のインド大乗仏教、さらにはヒンドゥー教においても見られるのである。

そもそもヒトが生きており、ことばを用いていることそれ自体が自己矛盾的問題をはらんでいる。ことばを超えるというほとんど実現不可能なことに人はあえて挑戦してきた。ヒトほど自分の死について関わる存在はないだろう。犬や猫も身の危険を察知して逃げる際に頭を使う。乾いたコンクリートの道路に迷い出たミミズを摑んで泥の中に置いてやろうとしても、ミミズはわたしの指から必死に逃れようとする。何を考えているのかはわからないが、ともかくあの虫にも一種の思考形態がある。

ヒトは自分に許された時間の終わり、つまり死について、程度の差こそあれ、考えている。どのようにして死から逃れるか。死とはどのようなものか。死後の世界はあるのか、などと考える。死とは、すべての人に必ず起きることでありながら、生きている間にはけっして体験できないことだ。それでも人は死に関わり続けてきた。ヨーガの伝統は、「生きていること、あるいは生きるためのいとなみ」を滅した時、人にとって「良き聖なるもの」が現れる、という。それは、人間のいとなみの彼岸、つまり、死に特別の意義を認めているように思われる。もちろん、死がかならず「良き聖なるもの」あるいは救済を約束するわけではない。だが、死が「俗なるもの」の否定の結果、「聖なるもの」が現れる稀なるチャンスであることは確かだ。

仏教にかぎらず、あらゆる宗教には自己否定あるいはマックス・ウェーバーのいうような否定的倫理が必要である。宗教実践の一つのかたちとしてのヨーガは、人間たちの日常的な「俗なる」いとなみを否定することによって「聖なるもの」の顕現を望んできた。それは、完全な意味ではできないとわかっていても、死と向かい合いながら、死の向こうに行こうとしてきた行為であった。

だが、最近、わたしは考えはじめた。

現代人たちは「俗なるもの」の否定を本気で考えているのであろうか。あるいは、もはや人類は自分たちの行為を否定すべき「俗なるもの」とは考えていないのではないか。すくなくとも、そのような人々が増えてきたことはたしかだと思える。

ヨーガの伝統は人間たちの欲望に否定の手を伸ばしてきた。そして、「俗なる」世界の実質的内容であることばというものの限界も常に意識してきた。しかし、今、人々はことばを超えた「聖なるもの」が自分たちの救済につながるとは考えてはいないのではないか。これは、世界の俗化というよりもよりいっそう恐ろしいことなのだ。人々は「死」、特に他者の「死」を恐れるべきものとは思わなくなってきたようだ。

人間の欲望が歯止めなく増殖している。個々人の心の中にある渇愛がより強くなってきたというよりも、何十億の精神（魂）が欲望の熱の中で発酵しつつある。ブッダも『ヨーガ・スートラ』の編者も思いもよらなかった集団的意識の異常肥大が起きつつあるのだ。

この欲望の集団的異常増殖は、『ヨーガの哲学』原本が出版された頃から今日までの四半世紀に急激に進んだように思う。ヨーガに何ができるのだろうか、考え続けたい。

二〇一三年六月二十九日　名古屋にて

本書の原本は、一九八八年十一月、小社より刊行されました。

立川武蔵（たちかわ　むさし）

1942年，名古屋生まれ。名古屋大学文学部卒業，ハーバード大学大学院にてPh.D取得。名古屋大学，国立民族学博物館，総合研究大学院大学，愛知学院大学で教授職を務める。国立民族学博物館名誉教授。専攻は仏教学，インド学。文学博士。著書に『ヒンドゥー教の神々』『中論の思想』『日本仏教の思想』『空の思想史』『ブッダから、ほとけへ』ほか多数。

講談社学術文庫

定価はカバーに表示してあります。

ヨーガの哲学《てつがく》

立川《たちかわ》武蔵《むさし》

2013年8月8日　第1刷発行
2015年11月10日　第3刷発行

発行者　鈴木　哲
発行所　株式会社講談社
東京都文京区音羽 2-12-21 〒112-8001
電話　編集（03）5395-3512
販売（03）5395-4415
業務（03）5395-3615
装　幀　蟹江征治
印　刷　株式会社廣済堂
製　本　株式会社国宝社
本文データ制作　講談社デジタル製作部

ISBN978-4-06-292185-5

「講談社学術文庫」の刊行に当たって

これは、学術をポケットに入れることをモットーとして生まれた文庫である。学術は少年の心を養い、成年の心を満たす。その学術がポケットにはいる形で、万人のものになることは、生涯教育をうたう現代の理想である。

こうした考え方は、学術を巨大な城のように見る世間の常識に反するかもしれない。また、一部の人たちからは、学術の権威をおとすものと非難されるかもしれない。しかし、それはいずれも学術の新しい在り方を解しないものといわざるをえない。

学術は、まず魔術への挑戦から始まった。やがて、いわゆる常識をつぎつぎに改めていった。学術の権威は、幾百年、幾千年にわたる、苦しい戦いの成果である。こうしてきずきあげられた城が、一見して近づきがたいものにうつるのは、そのためである。しかし、学術の権威を、その形の上だけで判断してはならない。その生成のあとをかえりみれば、その根は常に人々の生活の中にあった。学術が大きな力たりうるのはそのためであって、生活をはなれた学術は、どこにもない。

開かれた社会といわれる現代にとって、これはまったく自明である。生活と学術との間に、もし距離があるとすれば、何をおいてもこれを埋めねばならない。もしこの距離が形の上の迷信からきているとすれば、その迷信をうち破らねばならぬ。

学術文庫は、内外の迷信を打破し、学術のために新しい天地をひらく意図をもって生まれた。文庫という小さい形と、学術という壮大な城とが、完全に両立するためには、なおいくらかの時を必要とするであろう。しかし、学術をポケットにした社会が、人間の生活にとってより豊かな社会であることは、たしかである。そうした社会の実現のために、文庫の世界に新しいジャンルを加えることができれば幸いである。

一九七六年六月

野間省一